TEXT+KRITIK

Heft 225
SIBYLLE BERG
Januar 2020

Gastherausgeber: Stephanie Catani und Julia Schöll

INHALT

Olivier Garofalo

Vom Verschwinden des Subjekts

Sibylle Berg verunsichert. Sibylle Berg fordert heraus. Provoziert. Bewusst oder unbewusst. Indem sie mit scharfer Ironie neue Perspektiven einnimmt, werden vorherige Überzeugungen der Leser oder Zuschauer im Theater infrage gestellt. Gleichzeitig scheint sie eindeutige Positionierungen zu vermeiden. Jeder ist aufgerufen, sich weiterhin des eigenen Verstandes zu bedienen. Uns unserer eigenen Identität bewusst zu werden, wird paradoxerweise dadurch realisiert, dass die Figuren in ihren Stücken sich zusehends auflösen. Der Mensch scheint zwar als organisches Wesen zu existieren, eine eigene Identität, ein Charakter oder gar eine Haltung scheinen jedoch verschwunden zu sein.

Diese Existenzlosigkeit trotz offensichtlicher Anwesenheit zelebriert Sibylle Berg nicht nur in ihren Texten. Existiert Sibylle Berg überhaupt? Was ist mit »Sibylle Berg« gemeint? Steht »Sibylle Berg« für einen Autorinnennamen? Ist Sibylle Berg also eine Autorin? Zweifelsfrei ja, wenn man als »Autor/in« eine Person bezeichnet, die literarische Texte veröffentlicht. Ohne explizite Verständigung über den Literaturbegriff lassen sich ihre veröffentlichten Romane und Theaterstücke recht problemlos der Literatur zuordnen. Die Kurzprosa gehört ebenso dieser Kategorie an, und somit wird die Annahme, Sibylle Berg sei eine Autorin, zu einer belegbaren Feststellung. Der Autorinnenname »Sibylle Berg« taucht aber auch bei anderen Textgattungen, wie beispielsweise Essays oder der Kolumne »Fragen Sie Frau Sibylle« auf Spiegel Online auf. Handelt es sich hier um die gleiche Autorin oder nimmt Sibylle Berg mehrere Autorinnen-Identitäten an? Immerhin tauchen bei »Fragen Sie Frau Sibylle« Themen auf (beispielsweise Vorratsdatenspeicherung), die in anderen Sibylle-Berg-Texten wiederzufinden sind (»Wonderland Ave«).[1] Scheinbar spielt es keine Rolle, wo die Texte veröffentlicht werden, die Autorin bleibt immer dieselbe. Aber wie verhält es sich dann mit den Tweets, die unter dem Namen »Sibylle Berg« auf Twitter zu lesen sind? Ist der Tweet vom 30. August 2017 »wenn man jeden entsorgte der anderer Meinung als man selber ist. / ausser ein paar bulldoggen wäre ja keine sau mehr da« Literatur? Oder am 29. August 2017: »hat einer die polnisch-deutschen rechten hier auf twitter verstanden? Worum geht es denen? Sex? flauschige Unterwäsche?« Die Tweets sind öffentlich, Kommunikation und Interaktion mit dem Rezipienten darf stattfinden. Handelt es sich hierbei um die ersten Versuche, die literarische Kommunikation in zwei Richtungen zu realisieren? Werden die Grenzen zwischen Produzent und Rezipient aufgelöst?

Bei solch mannigfaltigen Veröffentlichungen drängt sich die Frage auf, ob die Autorin und ihr Werk unter Umständen nicht mehr länger von der Person Sibylle Berg getrennt werden dürfen. Damit ist man wieder bei der Frage angelangt, wer Sibylle Berg eigentlich jenseits der Autorinnenfunktion ist. Die gegenwärtig üblichen Recherchereflexe sind wenig hilfreich. Die Kurzbiografien in den Büchern, die unter dem Autorinnennamen »Sibylle Berg« veröffentlicht wurden, sind so knapp wie nur irgend möglich gehalten. Das Internet spuckt ein paar Informationen aus, die alle wie aus der gleichen Quelle stammend wirken und gleichzeitig Zweifel aufkommen lassen, dass die dort nachzulesenden Biografien tatsächlich ›authentisch‹ sind. Ist die Lebensgeschichte einer Puppenspielerin, die die DDR verließ, an der Scuola Teatro Dimitri in der Schweiz unter Qualen einen Schauspielkurs belegte, um anschließend in verschiedenen Berufen zu jobben und schlussendlich eine erfolgreiche Autorin zu werden, schlichtweg zu gut, um wahr zu sein? Gut vorstellbar, dass hier ein Medienprofi namens Sibylle Berg einen real-fiktiven Lebenslauf in die Welt setzte. Dadurch wird sie vielleicht noch nicht unbedingt zu einer Kunstfigur, aber wer Sibylle Berg ›in Wirklichkeit‹, sprich: jenseits der medialen Inszenierungen ist, soll offenbar im Verborgenen bleiben.

Auch der Dokumentarfilm »Wer hat Angst vor Sibylle Berg« hilft wenig weiter. Zwar beweist dieser, dass die Frau auf den Porträtfotos in den Büchern und Zeitschriften, beziehungsweise auf den Selfies auf Facebook und Twitter sowie auf den teilweise inszenierten Fotos auf ihrer Homepage dieselbe ist, die in »Wer hat Angst vor Sibylle Berg« die Hauptrolle der Sibylle Berg übernimmt, wodurch die Vermutung naheliegt, dass es sich hier tatsächlich um Sibylle Berg handelt und nicht um eine Schauspielerin, die seit der ersten Veröffentlichung der »Sibylle Berg« als Sibylle Berg auftritt, und entsprechend der Mensch Sibylle Berg tatsächlich existiert, doch vermeidet (oder verweigert?) auch die Dokumentation über Sibylle Berg allzu viel authentisches Material. Andererseits verlangt der Film vielleicht auch eine Reflexion über den Authentizitätsbegriff. Zu sehen ist eine Künstlerin, die sich für andere Menschen interessiert, die oftmals nachdenklich gezeigt wird, die teilweise verschlossen wirkt, um im nächsten Moment erfrischend offen und (scheinbar – denn wer außer ihr kann sagen, was wahr ist?) ehrlich ihre Zu- oder Abneigung offenbart. Nur selten, wie etwa bei ihrem Besuch der Scuola Teatro Dimitri, erhält der Zuschauende persönliche Einblicke in das Leben der Sibylle Berg. Führt diese Art der Inszenierung aber automatisch zu einem Mangel an Authentizität? Nur weil man Sibylle Berg nicht beim Kochen sieht? Weil Sibylle Berg uns nicht ihr Schlafzimmer zeigt? Ihre persönlichen Freunde der Kamera präsentiert?

Weil sie ihr Privatleben nicht öffentlich zelebriert? Abgesehen davon, dass auch diese Art der persönlichen Veräußerung eine Inszenierung wäre, schließlich lässt das Medium nichts anderes zu, wird hier durchaus ein authentisches Porträt gezeichnet. Nämlich jenes einer vielfältigen Künstlerin, die ihr Privatleben unter Verschluss hält und sich mit ihrem künstlerischen Werk nicht eindeutig einordnen lässt.

Der Name »Sibylle Berg« steht für eine Künstlerin, die sich öffentlich zu politischen und sozialen Situationen verhält und sich in einer ihr eigenen Form mitteilt. Der Mensch Sibylle Berg verbirgt sich hinter dem – oder verschwindet im – künstlerischen Werk. Ähnlich verhält es sich in ihren Texten. Psychologische Figuren, deren Handeln auf komplexe persönliche Erfahrungen und Entscheidungen zurückzuführen sind, existieren kaum. Gerade in ihren Theaterstücken, die im Prinzip den Menschen benötigen, um auf der Bühne lebendig zu werden, spielt das einzelne Subjekt keine Rolle. Das Verschwinden des Subjekts ist jedoch nicht willkürlich, sondern kann als gesellschaftlicher Kommentar oder gar als Realität interpretiert werden. Als Theatermacher werde ich mich an dieser Stelle ihren Theaterstücken widmen und um den Rahmen nicht zu sprengen, mich auf »Hauptsache Arbeit« und »Viel gut essen« beschränken.

»Hauptsache Arbeit« war das erste Sibylle-Berg-Stück, das ich als Dramaturg betreuen durfte und nach einer intensiveren Auseinandersetzung mit einem ihrer Texte verlangte. Zunächst zum Inhalt: Die Geschäftsleitung einer großen Firma hat sich für die alljährliche Betriebsfeier etwas Besonderes ausgedacht und ein Schiff angemietet. Doch es soll nicht einfach nur ausgelassen gefeiert und sich gegenseitig für die geleistete Arbeit auf die Schulter geklopft werden. Damit die Firma auch in Zukunft so erfolgreich wirtschaften kann, stehen Entlassungen an. In einer Reihe von Spielen sollen die besonders motivierten, um nicht zu sagen: die skrupellosesten Mitarbeiter, von den gewöhnlichen Mitläuferarbeitnehmern getrennt werden. Es beginnt ein erbarmungsloser Wettbewerb, bei dem jeder, der nicht als Arbeitsloser von Deck gehen will, früher oder später die eigene Würde aufgeben muss. Angereichert wird die ganze Feier durch das ständige Antreiben eines Motivationstrainers. Die unmenschlichen Mechanismen des Arbeitsmarktes in unserer durch und durch ökonomisierten Gesellschaft werden hier ironisch aufgezeigt.

Mag diese kurze Zusammenfassung so klingen, als könne man einen zwar bitter-bösen, aber auch humorvollen Theaterabend mit klar umrissenen Figuren inszenieren, lässt einen bereits die erste Szene unter Umständen verzweifeln. Nicht Menschen, sondern rauchende Ratten sind die ersten, die reden. Was tun? Die Schauspieler in Rattenkostüme stecken? Oder aber ist mit »Ratte« nicht direkt das Tier gemeint? Steht »Ratte« vielleicht umgangssprachlich betrachtet für jene Ratten von Menschen, die diese

Schiffsfahrt überlebt haben? Auch die anschließend auftretenden Personen wirken identitätslos. Es sind die Arbeitnehmer, deren Existenz sich auf diesen Umstand reduziert. Noch nicht einmal Namen haben sie von Sibylle Berg erhalten, nur das Geschlecht ist definiert: FRAU, MANN. Und natürlich ist auch der CHEF anwesend, der ebenfalls auf seine Berufsbezeichnung reduziert wird. Während die Anzahl der Ratten (1–3, plus Motivationsratte) festgelegt ist, es den Chef vermutlich nur einmal gibt, ist die genaue Anzahl der Arbeitnehmer undefiniert.

Diese Beliebigkeit lässt sich auch dem Kommentar zu der Figurenanzahl entnehmen: »Darsteller: Keine Ahnung, wie viele, doch sie sind gut gekleidet, unauffällig, aber nicht elend oder komisch«.[2] Es scheint vollkommen gleichgültig zu sein, wer auf der Bühne spricht, auch wenn der Verlag mit dem Besetzungshinweis »4 Damen, 6 Herren und 3 weitere Darstellerinnen, beziehungsweise Darsteller«[3] zumindest eine Richtung angibt. Allerdings ist es durchaus möglich, das Stück anders zu besetzen. Die Arbeitswelt besteht aus gesichts- und mithin identitätslosen Menschen, die sich nur durch ihr Geschlecht unterscheiden (in diesem Text von 2010 entweder männlich oder weiblich). Eine solche Figurenangabe ermöglicht einerseits einen großen kreativen Raum. Man möchte gar feststellen, dass der Text aus der Feder einer Autorin stammte, die sich gar nicht erst auf eine Regietheaterdebatte einlässt, sondern die kreativen Freiräume innerhalb ihrer Arbeit klar markiert. Andererseits aber steht diese Figurenangabe auch für die Austauschbarkeit des Arbeitnehmers. Exemplarisch haben wir es hier mit einem Versicherungskonzern zu tun. Für die Geschäftsleitung zählt nur die Effizienz der Mitarbeiter. Maschinenähnlich sollen sie funktionieren, alles was persönlich, individuell, oder anders: menschlich ist, ist irrelevant. Bei Sibylle Berg ist das jedoch nicht nur die Grundhaltung der Leitung. Auch die Mitarbeiter haben diesen Umstand akzeptiert und verinnerlicht:

> MANN
> Wir kennen uns nicht. Glaube ich jedenfalls.
> Rechnungsabteilung, seit 14 Jahren in der Firma. Drei
> Krankheitstage.
> FRAU
> Angenehm, Human Resources.
> Sie sitzen vier Schreibtische von mir entfernt. Seit sieben Jahren.
> MANN
> Verzeihung, ich habe Sie mit dem Kaffeeautomaten verwechselt.[4]

Diese Austauschbarkeit innerhalb eines anonymen Versicherungskonzerns wird durch die Angabe innerhalb der Figurenbezeichnung aber gleichzeitig auch in unserer Realität konkretisiert. Mag man behaupten, dass diese Austauschbarkeit in Wirklichkeit gar nicht stattfindet, mag man versuchen sich damit zu trösten, dass dieser Umgang mit den Mitarbeitern – dem Klischee nach – allerhöchstens in sehr großen Unternehmen stattfindet und auf keinen Fall in einem Unternehmen wie dem Theater, so bestätigt sich dieser Habitus spätestens bei der Besetzungsfrage. Wie viele Schauspielerinnen und Schauspieler stehen überhaupt zur Verfügung? Was ist die kleinstmögliche Besetzung, um parallel zu der Position im Spielplan noch eine weitere Inszenierung ansetzen zu können? Es folgen die Gespräche mit dem Regieteam, bei denen die Persönlichkeit der Schauspielerinnen und Schauspieler zwar durchaus von Bedeutung sind, dennoch auch Züge von Materialbeschreibungen annehmen.

Wer es in »Hauptsache Arbeit« schafft, wer die Spiele überlebt und das Schiff als Sieger verlässt, darf sich wieder in die trostlose Arbeitswelt begeben und einer Arbeit nachgehen, die man selbst nicht versteht. Einem solchen Schicksal begegnen wir in »Viel gut essen«. Was genau dieser Überlebende arbeitet, ist zwar unklar, aber immerhin findet seine Tätigkeit in einem Büro statt:

> Ich arbeite in einem, hm
> Büro.
> Nun ja, also
> wo
> wo soll man denn sonst arbeiten.
> Ich war immer angestellt, meinem Bedürfnis nach
> Planungssicherheit geschuldet. Eine gute Ausbildung, eine sichere
> Stelle, die Familie, Freunde, Sport, gutes Essen, ein friedlicher
> Tod.[5]

Wird in »Hauptsache Arbeit« der Urlaub noch als Unterbrechung der Arbeit gedacht, während die Mitarbeiter sukzessive von der Motivationsratte optimiert werden, so hat der Protagonist in »Viel gut essen« sein Leben bereits bis zum Tod geplant. Hier nun scheint es, als würde uns tatsächlich ein einzelner Mann als psychologisch nachvollziehbare Figur vorgestellt werden. Aber auch in diesem Fall lässt der Besetzungshinweis Zweifel aufkommen:

> Personen
> 1 Mann
> oder viele
> Der Einsatz und die Verwendung der (chorischen) Zusatztexte
> richten sich nach der jeweiligen Inszenierung.[6]

»Viel gut essen« ist (wahrscheinlich) ein Monolog eines heterosexuellen, weißen, bürgerlichen Mannes in den besten Jahren. Doch nachdem seine Frau ihn zusammen mit dem gemeinsamen Sohn verlassen hat, ihm gekündigt wurde und neuerdings in der Nachbarschaft Menschen mit einem anderen Bildungshintergrund, ja gar homosexuelle Paare und Ausländer wohnen, befindet er sich in einer Krise.

Offensichtlich hat er sich bis zu dem Zeitpunkt keine wirklichen Gedanken über ein eigenes Lebenskonzept gemacht. Als weißer, männlicher Mittelschichtbürger schien seine Biografie bereits bei der Geburt festzustehen. Die Veränderungen um ihn herum verunsichern ihn nun zutiefst. Doch selbst jetzt bleibt die kritische Selbstreflexion aus. Schuld sind alle anderen. Die Kündigung seines Mietvertrags geht in seinen Augen auf den Beschluss zurück, dass an gleicher Stelle ein Asylantenheim gebaut werden soll, und mithin sind die Asylanten schuld. Dass er seit längerer Zeit keine Miete mehr bezahlt, ignoriert er. Schuld an der Trennung von seiner Frau sind die Feministinnen, die behaupten, auch Frauen hätten ein Recht auf Selbstverwirklichung. Dass er seine Familie vernachlässigte und keine Notwendigkeit sah, an der Beziehung zu arbeiten, erkennt er nicht. Als weißer Europäer sind in seinen Augen eine feste Anstellung, eine Familie und eine Wohnung ein natürliches Recht, für das er nicht zu kämpfen braucht. Und nun steht er in seiner Küche und kocht ein letztes Ma(h)l für seine Familie, die der Einladung nicht folgen wird. Indem er seine Situation mit persönlichen Schicksalsschlägen verknüpft und uns an der Logik seiner Argumentation teilnehmen lässt, entsteht ein Opferbild.

Aufgrund der Ausgangssituation in der Küche und des Einsatzes des Personalpronomens »Ich« scheint es sich bei diesem namenlosen Jedermann um eine eindeutig definierbare Person zu handeln. Entsprechend könnte man schlussfolgern, dass seine Gesinnung auf seine aktuelle Lebenssituation und seine Unfähigkeit, das eigene Leben sowie gesellschaftliche Entwicklungen in ihrer Komplexität zu denken, zurückgeht. Der als »mögliche Zusatztexte Chor des gesunden Menschenverstandes«[7] bezeichnete zweite Teil des Stücks lässt jedoch erkennen, dass er möglicherweise gar kein Einzelfall ist. In diesem zweiten Text wird die Einstellung des Mannes wiederholt und in ihrer Radikalität konsequent bis zum Rechtspopulismus weitergedacht. Eine Armee hat sich zusammengetan, um Europa und die Demokratie zu retten. Auch hier sind populistische Parolen und einfache Lösungen aneinandergereiht.

Sibylle Berg überlässt es den jeweiligen Regieteams, wie dieser Text eingesetzt und mithin interpretiert wird. Aufgrund der inhaltlichen Schnittstellen lässt er sich leicht in Einklang mit dem ersten Monolog bringen. Liest man diesen Zusatztext tatsächlich als Kriegserklärung einer neuen Armee, so könnte man sagen, dass unser Protagonist sicherlich bald ein Teil dieser

Gruppe werden könnte. Es kann sich aber auch um Stimmen sogenannter »besorgter Bürger« handeln. In dem Fall könnte man den ersten Teil des Stücks als Fokussierung eines Einzelschicksals lesen. Eine weitere Option bestünde darin, diesen Chor als Gedanken des Protagonisten zu deuten. Auch andere Interpretationen sind natürlich möglich.

Wichtig ist allerdings, dass dieser Zusatztext keinen inhaltlichen Bruch zum ersten Teil herstellt. Die radikale Sicht des Protagonisten wird durch diesen zweiten Text weder kommentiert noch erklärt und schon gar nicht inhaltlich infrage gestellt. Vielmehr wird die zunächst subjektiv scheinende Haltung im ersten Teil zu einem allgemeinen Phänomen. Hierdurch wird die (subjektive, persönliche) Geschichte des Individuums im ersten Teil gelöst. Seine Nicht-Identität wird auch durch die fehlende Figurenangabe untermauert. Ohne Angaben zur sprechenden Person beginnt der Text. Trotz vieler Hinweise auf persönliche Erfahrungen löst sich das Subjekt in »Viel gut essen« auf. Immer wieder glaubt man die Figur greifen zu können, doch letztendlich ist dieser Zugriff nicht möglich. Der Mensch scheint zu existieren, seine Identität hat er längst verloren.

---

1 Vgl.: Beate Heine: »In den virtuellen Kerkern der Zukunft«, in: Jahrbuch der Zeitschrift »Theater heute«, Berlin 2017. — 2 Sibylle Berg: »Hauptsache Arbeit«, Reinbek 2010, S. 2. — 3 http://www.rowohlt-theaterverlag.de/stueck/Hauptsache_Arbeit.2821425. html. — 4 Berg: »Hauptsache Arbeit«, a. a. O., S. 5 f. — 5 Sibylle Berg: »Viel gut essen. Text für einen oder viele«, Reinbek 2014, S. 11. — 6 Ebd., S. 2. — 7 Ebd., S. 21.

Niklaus Helbling

»Das Erwachsenwerden kommt nicht über Nacht«
Zur Uraufführung von »Helges Leben« in Bochum

Vorsatz

Wenn ich rekonstruieren soll, wie es zur Uraufführung von Sibylle Bergs
erstem Theaterstück »Helges Leben« kam, muss ich ungefähr 17 Jahre
zurückgehen. Vieles ist in der Erinnerung verblasst, vielleicht auch verklärt.
Was sich im Folgenden möglicherweise anekdotisch anhört, ist einfach der
Versuch, einigermaßen genau zu erzählen, was damals künstlerisch vorgefal-
len ist.

Theater ist die Kunst der vereinten Kräfte. Um eine Theaterproduktion
zu einem guten Ende, also zu einer bejubelten Premiere und vielen ausver-
kauften Vorstellungen zu bringen, müssen unzählige Parameter glücklich
aufeinander abgestimmt werden. Es geht dabei unter anderem um Geld,
Beziehungen, Spielort, Schauspieler-Besetzung, Bühnenbild, Kostüme,
Musik, Spiellust, Gruppendynamik, szenische Phantasie und einen Text.
Wer es nicht selbst erlebt hat, dem ist schwer zu erklären, warum sich
erwachsene Menschen immer wieder zusammenrotten, um süchtig nach
dem Glück des Gelingens solche Produkte aus Luft und Zeit herzustellen
und das magische Zusammenspiel ihrer Ingredienzien zu beschwören. An
deutschen Stadttheatern ist es die Aufgabe des Intendanten und seiner
Dramaturgen, die ersten materiellen und personellen Abstimmungen vor-
zunehmen, dann übernimmt der Regisseur. Bei freien Theaterproduktio-
nen muss sich ein Produzent oder eine Gruppe darum kümmern, wobei
da die Beschaffung der nötigen Geldmittel am Anfang steht.

Am Anfang waren die Tiere

Es muss im September 1999 gewesen sein. Ich hatte nach jahrelanger Tätigkeit als Dramaturg in Hamburg den Schritt ins Regiefach riskiert und in
Zürich eine kleine freie Produktion namens »Bambifikation« herausge-
bracht, ein wilder Ritt durch alle literarischen und popkulturellen Erschei-
nungen des bewussten Rehs. Danach hatte ich mit Schauspielstudenten an
der Zürcher Hochschule einen Text von J. M. R. Lenz, dem unheimlichen
Freund von Goethe, unter dem Titel »Mauskröten« inszeniert. Beide Pro-

duktionen kamen gut an. »Bambifikation« wurde dank der jungen, explosiven Hauptdarstellerin, die auch als Sängerin überzeugte, zu einem lokalen Hit, der dann in Gastspielen auch auf Deutschland übergriff. Zu diesem Zeitpunkt wurde mir von einer befreundeten Musikerin, Erika Stucky das Manuskript von »Helges Leben« zugespielt. Ich solle das mal anschauen. Ich hätte mich ja als Regisseur bewährt, der auch mit Musikern umgehen könne. Offenbar wollte die Autorin, dass Erika die Rolle von Frau Gott spielen solle. Und ihre Freundin Sina, eine damals in der Schweiz schon sehr bekannte Sängerin, war für den Tod vorgesehen. Das Manuskript erwies sich als dicker Packen Papier, eine Art Welttheater in drei Teilen, eine verrückte Ansammlung von Liedtexten, langen Monologen, lakonischen Dialogen und Werbeeinlagen um das kurze Erdenleben von Helge, ein Krippenspiel inklusive Passion, dargebracht von einer Frau Gott, die unterstützt und sabotiert wird von ihrer Assistentin Tod. Gott und Tod sind fahrende Theaterbetreiberinnen und zeigen ihre Aufführung einer Kundschaft, die aus Tieren besteht. Ein Tapir hat sie kommen lassen, damit sie für seine Gattin, das Reh, und seinen Freund, den Schnapphamster, ein Menschenleben spielen. So weit so verwirrend und verlockend. Was mir daran sofort gefiel, war die phantastische Science-Fiction-Idee: Die Menschen sind ausgestorben, die Tiere haben die Macht auf der Erde übernommen. Menschen werden nur noch zu Unterhaltungszwecken von Frau Gott geschaffen und vor zahlungskräftigen Tieren auf die Bühne gebracht. Nicht schlecht. Nachdem ich gerade mit Bambi ins All geflogen war und die surrealen Abenteuer der Mäuse und Schildkröten bei Lenz bewältigt hatte, kam mir dieses ›Theater im Theater‹ für einen Tapir gerade recht.

Bergwerk

Aber wer war diese Autorin? Sibylle Berg war mir damals kaum ein Begriff. Ihre Kolumnen in der Wochenzeitung »Die Zeit« musste ich wohl gestreift haben, wirkliche Kenntnis davon hatte ich nicht, und auch ihre bis dahin erschienenen Romane »Ein paar Leute suchen das Glück und lachen sich tot« und »Sex II« kannte ich nur dem Titel nach. Jetzt erfuhr ich, dass sie in Zürich wohnte, damals noch in Wohngemeinschaft mit Sina, und nicht nur eine aufstrebende Pop-Literatin war, sondern auch wilde Theater-Visionen hatte. Ich las weiter und begann den Humor hinter ihrem Blick auf diese schroffe, frostige Welt, in der jegliche Arbeit komplett entfremdet, Gefühle vergeblich und der Sex ein stilles Grauen ist, für mich zu entdecken. Dieser radikale Humor hatte gar nichts zu tun mit der fleißigen jungen Dramatik, die es damals sonst gab, und machte mich neugierig. Bei einem ersten Treffen in einem Gartenzimmer am Zürichberg stellte sich dann heraus, dass wir nicht nur eine Vorliebe für japanischen Tee gemeinsam hatten, sondern auch einen gewissen Familiensinn. Sie wollte mit ihren Freundinnen dieses Stück aufführen, weil sie eine Vision hatte. Das fahrende Theater der Frau Gott war gewissermaßen als letztes Lagerfeuer in der posthumanen Epoche zu verstehen. Und als wir begannen, uns Gedanken zu machen, wo und wie wir dieses Stück auf die Bühne bringen könnten, wurde schnell klar, dass wir es beide mit dem Theater als Gaukler-Utopie sehr ernst meinen. Wir verstanden eine Theater-Produktion nicht nur als professionelle, multilaterale Operation, sondern auch als eine emotionale Zusammenführung, eine soziale Wunscherfüllung. Insofern fühlten wir uns gegenseitig verstanden, und ich war als Mitarbeiter im Berg-Werk gewonnen. Doch die Frage nach dem Wo und Wie war damit noch nicht beantwortet.

Der Weg in den Keller

Ein erster Anlauf führte uns nach Stuttgart, wo wir eine mit Sibylle Berg befreundete Theaterleiterin besuchten. Sie hatte »Ein paar Leute suchen das Glück« in ihrem Haus auf die Bühne gebracht und war an einer weiteren Berg-Aufführung interessiert. Bald wurde aber klar, dass unser Personalaufkommen mit zwei Musikerinnen aus der Schweiz, die nicht nur zu Proben, sondern zu allen Vorstellungen anreisen würden, mit Regisseur, Bühnenbildner und Kostümbildnerin den Budget-Rahmen ihres Kleintheaters weit überschreiten würde. Dazu musste man, auch mit Doppelbesetzungen, mit sechs Darsteller/-innen rechnen, was für ein Theater ohne eigenes Ensemble nicht kostendeckend zu leisten war. Der Stuttgarter Plan zerschlug sich kurz und schmerzlos, und wir waren genauso weit wie zuvor. Nein, nicht ganz. Wir wussten jetzt, dass unser Projekt viel zu aufwendig war, um es ohne größere Geldbeschaffungsmaßnahmen an einem kleinen Haus unterzubringen.

Der Zufall wollte es, dass mein ehemaliger Dramaturgen-Kollege Klaus Mißbach im Begriff war, Chefdramaturg am Schauspielhaus Bochum zu werden. Ihm trug ich die Uraufführung des ersten Stückes von Sibylle Berg an. Der andere Zufall war, dass Matthias Hartmann, der designierte Intendant von Bochum, gerade eine Aufführung von »Bamibifikation« gesehen hatte und sich vorstellen konnte, etwas Ähnliches an seinem Haus zu programmieren. Natürlich spielte der Name Sibylle Berg, auch wenn er damals noch nicht dieselbe Markenstärke hatte wie heute, eine Rolle. Hartmann und Mißbach erkannten durchaus die Chance, die Entdecker Sibylle Bergs als Dramatikerin zu werden. Sie planten »Helges Leben« als dritte Premiere im Eröffnungsreigen ihrer neuen Intendanz ein. Als Spielort war die kleine Bühne im Keller vorgesehen, sie hieß vormals »Zadeck«, und wurde jetzt leicht lokalpatriotisch »Theater unter Tage« oder TuT genannt. Es war ein relativ niedriger Raum mit Säulen, in dem 99 Zuschauer zugelassen waren. Dieser Keller sollte später eine entscheidende Rolle spielen für die Uraufführung von »Helges Leben«.

Eine Welt, drei Sphären

Nachdem wir ein Theater gefunden hatten, konnten wir uns auf Text und Aufführungskonzept konzentrieren. Es galt, aus dem überbordenden Material des Stücks eine Spielfassung zu machen, und für mich war der nächste Glücksfall, wie angenehm und professionell die Zusammenarbeit mit Sibylle Berg sich anließ. Sie hatte keinerlei Problem, dramaturgische Vorschläge anzunehmen, Kürzungen oder Umstellungen umzusetzen und war eine lustige Gesprächspartnerin. Die wichtigen Entscheidungen ergaben sich alle im Gespräch, und wir kamen sehr leicht zu einer Idee von einer Welt, einer Ästhetik, in der das Spiel der drei Sphären lebendig werden konnte: Götter, Tiere und Menschen. Frau Gott und den Tod sieht man zuerst in einem Verkaufsgespräch mit dem Tapir, dann zeigen sie ihre Show, machen dazu Musik und greifen ab und zu befördernd (Frau Gott) oder final (Tod) in die Handlung ein.

Die Tiere, die neuen Herren der Welt, sind zu dritt. Der Tapir, ein erfolgreicher Futtermittel-Fabrikant, ist der Gast- und Auftraggeber des göttlichen Theaters, er bestimmt den Preis, und die Gangart des Theaters (»nicht wieder so viel Sex wie letztens«[1]). Dem Reh, seiner süßen Gattin, zuliebe hat er das Theater bestellt, auf ihre Empfindungen muss Rücksicht genommen werden. Das Reh ist eine Trophäe des zuhälterhaften Tapirs. Der Schnapphamster kommt als robuster Freund des Tapirs zu Besuch. Er ist ein Wolpertinger oder Mischwesen aus Hamster und Piranha. Er rät Helge, ein Mädchen aufzureißen, was dieser dann sehr wörtlich nimmt. Die Tiere sind aktive, eigenwillige Zuschauer, sie kommentieren, feuern an, doch menschliche Emotionen sind ihnen fremd. Den Begriff Liebe halten sie für ein ausgestorbenes Konzept, Helges Selbstmordversuch führen sie auf ein zu großes Ego zurück, und wenn Helge weint, werfen sie mit dem Gemüse, das sie als Snack immer zur Hand haben. Umgekehrt lieben die Tiere die Werbe- und Kunststückunterbrechungen, in denen sie selbst mitspielen und -tanzen können. Der Partykeller des Tapirs ist Ort des Geschehens. Dafür entwickelte Bühnenbildner Dirk Thiele einen raumfüllenden amöbenförmigen Körper, der gleichzeitig als Bühne und Tapir-Lounge diente, mit einer mittigen Vertiefung, in der sich der Hausherr mit seinen Gästen fläzen konnte.

Die Gruppe Menschen umfasst neben Helge noch Helges Vater Helmut und Helges Mutter Helga. Man sieht die Eltern bei Helges Zeugung und

13

Geburt, dann verlässt Helga Ehemann und Sohn. Helmut trinkt, versucht mit seinem Sohn zu sprechen und wird von ihm erschlagen. Helge macht Karriere in der Werbung, dann kommt Tina, die seine Freundin wird. Eine kurze Liebesgeschichte entspinnt sich. Tina wird schwanger, bekommt ein Kind und verlässt Helge. Helge reißt mehrere Mädchen auf, kommt dafür und auch für den Mord am Vater für zwanzig Jahre ins Gefängnis. Wir sehen ihn wieder auf der letzten Station, im Krankenhaus, gepflegt von einer partyverrückten Krankenschwester. Helge bäumt sich nochmal auf, hat noch einmal Phantasien von Sex und Gewalt, bis ihn die Krankenschwester über seinen finalen Zustand aufklärt: »Was ist mit meinem Glied?« – »Mussten wir abnehmen, alles weg, schön sauber.«² Schließlich tritt der Tod an sein Bett.

Die Ängste

Eine zentrale Erfindung von Sibylle Berg, die zum entscheidenden Komödien-Motor von »Helges Leben« wurde, ist die Angst. Die Angst ist eine Person, ein Geist, der Helge wie sein Schatten folgt und negativ beeinflusst. »Helges Angst« ist zugleich Name und Berufsbezeichnung, sie flüstert stets das Schlimmste ein und sitzt Helge wie ein Dämon im Nacken. Gleich nach der Geburt tritt sie mit seinem Vertreter-Koffer auf, handelt mit Frau Gott einen Vertrag aus und bleibt Helge von da an treu bis in den Tod. Helge ist also nie mehr allein – hat aber immer Angst. Vor allem als er Tina kennenlernt, ist ihm seine Angst sehr im Weg. Und das Dumme ist, dass Tina auch eine Angst hat, »Tinas Angst«. Wenn Helge mit Tina ins Bett geht, liegen sie zu viert da, und es werden viele Bedenken laut. Der permanente Dialog mit der eigenen Angst ist nicht nur eine brillante Komödien-Idee, sie rührt auch an ein archetypisches Bild. Der Schulterreiter aus »Sindbad der Seefahrer« klingt genauso an wie Mephisto oder »Mein Freund Harvey« in der Komödie vom unsichtbaren Freund in Hasengestalt. Nur einmal gelingt es Helge und Tina, ihre Ängste zu vergessen. Ziemlich genau in der Mitte des Stücks gibt es eine kleine Insel des Glücks: Die beiden sind sich nahegekommen, vergessen alles um sich herum. Tinas Monolog von der Ostsee beschreibt diese kurze Pause von der Angst. Er ist eine Art Höhe- oder Scheitelpunkt in »Helges Leben«. Danach geht es wieder bergab.

Das starke Bild der personifizierten Ängste gibt dem Stück nicht nur eine komödiantische Dynamik, es erhöht auch zusammen mit den Figuren von Gott, Tod und den Tieren den eigenartigen Charakter dieses Spiels um den kleinen Menschen Helge. Das prekäre Welttheater der Götter, Tiere und Menschen wird ergänzt durch ein antirealistisches Stilmittel, das gleichwohl Innerlichkeit, ja Psychologie transportiert. Die Ängste betonen das Cartoonhafte und ermöglichen gleichzeitig eine Differenzierung der widerstreitenden Gedanken der Hauptfiguren, und das auf ausgesprochen witzige Weise. Sie machen »Helges Leben« zu Sibylle Bergs »Jedermann«.

Honeymoon

Zurück zur Realität der Produktionsverhältnisse. Wir mussten in Absprache mit der Bochumer Dramaturgie zu einer guten, aber auch praktikablen Schauspielerbesetzung kommen. Unser Glück war, dass Intendanten, die neu an einem Haus anfangen, nicht den Ehrgeiz haben zu sparen. So war es möglich, dass Erika Stucky und Sina für die Rollen von Frau Gott und Tod als Gäste mitengagiert wurden, ebenso konnten wir, auf Vorschlag von Sibylle Berg, Tonio Arango, einen großgewachsenen, feinnervigen Schauspieler, als »Helges Angst« mitbringen. Aus dem neu zusammengestellten Bochumer Ensemble besetzten wir Manuel Bürgin als Helge. Ich kannte ihn von der Zürcher Hochschule, die er gerade abgeschlossen hatte. Julie Bräuning, auch aus Zürich, sollte Tina und das Reh im ersten und letzten Teil spielen, Lena Schwarz das Reh im mittleren Teil, dazu die Mutter Helga, die aufgerissenen Mädchen und die Krankenschwester. Marcus Kiepe gab Vater Helmut, den Schnapphamster und »Tinas Angst«. Manfred Böll spielte den Hausherrn Tapir. Man sieht der Liste an, dass wir die drei Sphären nicht unabhängig voneinander besetzen konnten. Ich fand das gut, mir war wichtiger, dass die insgesamt acht Schauspieler/-innen zur einer kompakten, spielfreudigen Truppe zusammenwachsen konnten und durchgehend etwas zu spielen hatten. Außerdem legte die Spielanlage im TuT, unserem Tapir-Partykeller, nahe, dass alle Figuren permanent anwesend waren, ausgenommen die kurzen Abgänge für Kostümwechsel. Zudem hatten die Rollenwechsel, zum Beispiel von Vater Helmut zum Schnapphamster und dann zu »Tinas Angst«, durchaus ihren Charme. Sibylle Berg hat zu diesem Zweck dazu erfunden, dass der Schnapphamster den Anfang des Stücks verpasst hat und sich vom Tapir eine kurze Zusammenfassung geben lässt. Einige Zeit später fällt ihm schlagartig ein, dass er noch eine Verabredung hat und sofort los muss. Diese ziemlich an den Haaren herbeigezogenen Auf- und Abtritte würden sich Sekunden später durch den verwandelten Wiederauftritt des Schauspielers als Pointe selbst erklären. Die fadenscheinigen Begründungen, wie »ich hab diese Mieze vergessen. Ich muss noch mal los«[3], gaben den ganzen Wechseln ein Touch von vormittäglicher Fernsehserie, die gut zum TV-inspirierten Theater-Format (Werbung!) von Frau Gott passte. Die Grenze zwischen der Tier- und Menschen-Sphäre wurde durch diese Durchlässigkeit nicht verwischt, eher im Gegenteil. Dass das Reh im Laufe des Abends zweimal leicht die Gestalt veränderte, fiel dem Tapir nicht auf, den Zuschauern aber wohl. Das Spielsystem zwinkerte kurz mit einem Auge und lief, durch das kleine Extra-Kunststück geradezu angefeuert, noch besser weiter.

Warum ging bei den Proben nichts schief? Wir hatten immerhin ein paar Risikofaktoren mit in der Rechnung. Ich war ein noch unerfahrener Regisseur. Das Stück war, gemessen an einem »wellmade play«, eher eine Ansammlung von skurrilen Nummern ohne psychologisch einleuchtende Rollen. Die Autorin war, wir hatten das vorher so verabredet, die ganze Zeit bei den Proben anwesend, ja wir wohnten sogar in der gleichen Wohnung. Auch der Intendant hätte in den Endproben nervös werden können und eingreifen wollen. Es gibt viele Wege, auf denen sich Misstrauen in eine Produktion schleichen kann. Erika Stucky und Sina waren keine Schauspielerinnen und spielten wichtige Rollen neben erfahrenen Kollegen, die das als Zumutung hätten empfinden können. Doch die Verabredung, es mit »Helges Leben« und miteinander zu riskieren, hielt bis zum Schluss. Dafür gab es Gründe. Die hitverdächtige Musik der Schweizerinnen, zum Beispiel. Gerade der Eröffnungs-Song »Ponte Čenere«, eine kauderwelsche Hymne, die Erika Stucky am Akkordeon anführte, entwickelte sich zum Schlachtgesang der Truppe. Das regelmäßige Training der Choreografin Salome Schneebeli war für die Teambildung nicht zu unterschätzen. Sibylle Berg schaute sich fast jede Probe an, hielt sich mit Kommentaren aber vollkommen zurück. Sie war einfach da und inspirierte gerade dadurch die Schauspieler. Gut war auch, dass wir die gesamte Probenzeit im TuT verbringen konnten. Das Haus war ja noch nicht eröffnet, es mussten keine älteren Aufführungen wiederaufgenommen werden. Wir bewohnten sieben Wochen lang den Keller des Tapirs und tüftelten an Frau Gotts Freakshow. Bühne und Werkstatt waren eins. Und nicht zu unterschätzen war auch, dass die beteiligten Schauspieler/innen des Bochumer Ensembles ebenfalls gerade neu zusammenkamen. Gäste und neu Engagierte wurden nicht unterschieden. Alle waren bestrebt, aus dem Neuanfang das Beste zu machen. Insofern war die Uraufführung von »Helges Leben« ein Produkt dieser »Honeymoon-Phase« des Bochumer Schauspielhauses.

The Stupid Factor

Der Filmregisseur Jim Jarmusch erzählt in einem Interview davon, wie er sich mit Iggy Pop über den wahren Charakter des Rock'n'Roll unterhält und die beiden sich einig sind, dass ein wichtiger Punkt der sogenannte »Stupid Factor« sei. Deswegen könne er, sagt Jarmusch, eine »intelligente« Band wie »U2« nicht leiden, die »Ramones« dagegen sehr.[4] Die Sehnsucht des zeitgenössischen deutschen Theaters nach der authentischen, direkten

Energie eines Rock-Konzerts ist heute schon fast in die Jahre gekommen. Im Oktober 2000 kam die Aufführung von »Helges Leben« dieser Rock'n'Roll-Wunscherfüllung des Theaters ziemlich nahe. Das lag zunächst einfach daran, dass zwei Sängerinnen auf der Bühne standen, die ihr Handwerk als Entertainerinnen verstanden und den Abend immer wieder in ein Konzert verwandelten. Erika Stucky hatte die Wucht einer entfesselten Kirmes-Schaustellerin, und wenn sie ihre Version des Prince-Songs »When Doves Cry« durch das überforderte Mikro eines Kinder-Kassetten-Recorders sang, dann hörte es sich an wie ein gottverlassenes Gitarren-Solo von Jimi Hendrix, nämlich authentisch. Sina kam als Tod mit langen schwarzen Haaren und morbid unterlegten Augen in einem Matrosenkleidchen daher und sang mal einen anrührenden Berg-Song, mal einen dröhnenden Schlager mit E-Gitarre. Ihre Wandelbarkeit war verblüffend. Doch wenn sie sich singend ans Publikum wandte, gab es einen Kurzschluss, eine direkte Schaltung ins Herz der Zuschauer.

»Stupid« waren auch die Geräte auf der Bühne. Die Ausstattung des Theaters von Frau Gott im Partykeller des Tapirs setzte sich aus Camping-Utensilien zusammen. Helge und seine Angst schliefen auf einer Luftmatratze, kopuliert wurde auf Autositzen, gestorben auf einem Aluminium-Klappbett. Das Kind von Tina und Helge lag unsichtbar in einer Kartonschachtel mit Luftlöchern und entpuppte sich später als Lurch, der Tina aus ihrer Kindsbettdepression reißt und dann vom Tod unter wütendem Protest des Tierpublikums mit einem heißen Bügeleisen platt gemacht wird. Es gab ein Stück Rollrasen, die letzte Liebe von Vater Helmut, der vom feschen Rocker zum faschistoiden Alkoholiker absteigt, und die Axt, mit der er getötet wird. Es gab eine Tretluftpumpe, mit der Frau Gott den Schwangerschaftsbauch von Helga aufblies. Es gab ein elektrisches Messer von Moulinex, mit dem der Tod ans Bett von Helge trat und dann aus Versehen »Helges Angst« ins Auge traf, worauf die Angst nochmal sämtliche Geräte in ihren Todeskampf miteinbezog. All dieser Unsinn mit Objekten war nur deshalb erträglich, weil die Schauspieler/-innen sie mit großem Ernst, ja mit Innigkeit bedienten. Das war die Grundbedingung. So aussichtslos alles menschliche Streben und Empfinden in »Helges Leben« auch wirkte, gespielt werden musste so wahrhaftig wie möglich. Die Menschen auf der Bühne durften von ihrem Scheitern nicht zu früh wissen. Ihr Bemühen, ihr Fühlen musste echt wirken, sonst entstand keine Spannung, keine Komik, keine Rührung. Diese Erkenntnis mag banal klingen und auf die meisten Theaterstücke anwendbar sein. Bei den Stücken von Sibylle Berg gilt sie besonders. Ihr scheinbar gnadenloser Blick auf die Männer und Frauen in Zeiten der spätkapitalistischen Ausbeutung gewinnt auf der Bühne die beste Wirkung, wenn die Schauspieler/innen ihren Texten eine emotionale Wahrheit verleihen können.

In Bochum im TuT konnte man das erleben. Manuel Bürgin gab seinem Helge ein ganz eigenes Staunen, dann eine Wut und schließlich die Trauer, dass sein Leben so schnell und sinnlos vorbeigegangen war. Lena Schwarz zeigte eine Helga, die sich erst freudig und tierisch mit Helmut verwickelte, um dann über ihre Einsamkeit zu erschrecken. Marcus Kiepe machte Helmuts Überraschung, im Prekariat angekommen zu sein, zu einem lapidaren Schock. Julie Bräuning gab ihrer Tina eine vollkommen ungekünstelte Schlichtheit, die gerade in dem Ostsee-Text, der zentralen Liebesszene, jeden Kitsch vermied. Tina bekam dann, ähnlich wie Helga, den Ausdruck eines Tieres, das um sein Leben kämpft, ohne zu verstehen, was ihm da eigentlich angetan wird. Und Tonio Arango als »Helges Angst« zeigte durch seinen unermüdlichen Einsatz, zum Beispiel, wenn er kopfüber hängend Helge aus den Fängen des Todes reißt, Momente der Empathie, ja der Freundschaft mit seinem Kunden.

Adoleszenz

Ein Phänomen, das die Uraufführung von »Helges Leben« nach ihrer Premiere auszeichnete, war, dass man bald eine Gruppe von Fans beobachten konnte, die regelmäßig in die Vorstellungen kamen, gleichzeitig mit Helmut Bierdosen öffneten, einzelne Sätze mitsprachen, T-Shirts mit den aufgedruckten Namen ihrer Lieblingsfiguren trugen, Stofftiere auf die Bühne warfen und schließlich anlässlich des Gastspiels bei den Mülheimer Theatertagen auch als Gruppe auftraten und das Eröffnungslied »Ponte Čenere« mit Akkordeon vortrugen. Die Fans waren Theaterstudent/innen aus Bochum, die später eine eigene Theatergruppe namens »Lurch-Theater« gründeten. »Helges Leben« war zum Kult geworden.

Da sind wir wieder im Partykeller des Tapirs. Er stiftete gewissermaßen den Genius Loci. Als Zuschauer stieg man in einen dekorierten Kellerraum und kam zum Tapir zu Besuch. Man wurde Teil der Party beziehungsweise schaute mit den Tieren zusammen auf das arme Theater von Frau Gott und wollte, dass es gelingt. Im Gegensatz zu den ignoranten Tieren mit ihrer kurzen Aufmerksamkeitsspanne. Dieses Theater im Theater machte den Zuschauer zum Verbündeten von Frau Gott und ihrer Kreatur Helge. Der Partykeller voller Zuschauer, die Musik, die blöden Geräte, die Mensch-Tier-Fiktion evozierten ein Konzept des radikalen Spiels: ein Leben wurde verspielt. Die niemals endende Ausbeutung, die gescheiterte Arterhaltung der Menschen und die Tierherrschaft, die ungefähr so paradiesisch war wie ein TV-Verkaufskanal, wurde nicht an die kulturpessimistische Glocke gehängt, sondern formierte sich zu einem Produkt der Popkultur. Das mickrige Leben von Gottes Sohn war zum Mitsingen gemacht.

»Helges Leben« ist ein Plädoyer gegen jede Form von Autorität. Weder ein Tapir noch Frau Gott noch die Angst bekommen das Leben und das Theater richtig in den Griff. Nicht einmal der Tod ist wirklich Herr der Lage. Manchmal macht die Handlung den Eindruck eines steuerlosen Schiffs. Und mittendrin steht Helge, ein Held der Adoleszenz. Er ist stumm, wird in der Schule gequält, ermordet seinen Vater, erfährt ein kurzes Teenager-Liebesglück und baut dann schon wieder ab. Getreu der These von Michel Houellebecq, dass die Adoleszenz der einzige Lebensabschnitt sei, den man Leben nennen könne, kulminiert Helges Leben früh in jugendlicher Triebhaftigkeit. »Von diesem Moment an ist alles gesagt, und das Leben ist nur eine Vorbereitung auf den Tod.«[5] Helge ist gewissermaßen die sarkastische deutsche Version eines Rock'n'Roll-Märtyrers der Jahrtausendwende. Das ist Sibylle Bergs eigentliche Erfindung und zugleich ihr Theatercoup. Der Rest waren ein paar Leute, die in einem Bochumer Keller das Glück fanden und bei der Arbeit viel lachten.

1 Sibylle Berg: »Helges Leben«, in: Dies.: »Vier Stücke«, Stuttgart 2008, S. 11–54, hier S. 14. — 2 Ebd., S. 52. — 3 Ebd., S. 31. — 4 »SZ Magazin« 49 (2016), 14.12.2016. — 5 Michel Houellebecq: »Ausweitung der Kampfzone«, deutsch von Leopold Federmair, Reinbek 1999, S. 99.

Christian Dawidowski

Zwischen Pop und Postmoderne
Sibylle Bergs Stücke und Romane bis 2007

Ist es möglich, das erst zwei Dekaden während Schaffen einer Autorin in Phasen zu unterteilen, denen eine gewisse Eigenständigkeit unterstellt wird? Sibylle Bergs erste Romane und Theaterstücke, so die Annahme, entfalten vor dem Hintergrund der Wiederbelebung der Popliteratur in den 1990er Jahren und angesichts des nahezu gleichzeitigen Geltungsverlusts postmoderner Schreibweisen und Themen eine beeindruckende Kontinuität und Motiventfaltung. Auch ihre Poetologie scheint in dieser Phase eine recht einheitliche sprachliche Verfasstheit hervorzurufen, sodass man für die Publikationen etwa zwischen 1997 (»Ein paar Leute suchen das Glück und lachen sich tot«[1]) und 2007 (»Die Fahrt«[2]) von einer motivischen und sprachlichen Konstanz ausgehen kann. Diese Werkphase wird im Jahr 2008 abgeschlossen durch die Verleihung des Wolfgang-Koeppen-Preises, ihres ersten Literaturpreises von nationaler Reichweite. Wenngleich rein quantitativ ihr dramatisches Schaffen das erzählerische heute dominiert (obwohl solche philologisch sauberen Gattungsabgrenzungen bei Berg kaum greifen), gilt dies für die frühen Jahre nicht: Nach dem Debüt »Ein paar Leute« folgen die Romane »Sex II«[3], »Amerika«[4], »Habe ich dir eigentlich schon erzählt ...«[5], »Ende gut«[6] und schließlich »Die Fahrt«. Mit der spektakulären Uraufführung von »Helges Leben«[7] im Jahr 2000 setzt dann auch die Dramenproduktion ein. Die Bühnenbearbeitung von »Ein paar Leute ...« durch Stephan Bruckmeier erfolgte bereits ein Jahr zuvor; die Short-Cut-Technik Bergs ermöglichte eine recht problemlose Straffung und Kürzung des Romantextes. In rascher Folge erlebten dann »Herr Mautz«[8], »Schau, da geht die Sonne unter«, »Das wird schon« und »Wünsch Dir was!«[9] in verschiedenen Theatern ihre Premieren.

Von einer Kanonisierung Bergs ist derzeit wenig zu spüren. Ihre Romane und Stücke finden zwar innerhalb der Gegenwartsliteratur ihren Platz, werden jedoch im literaturwissenschaftlichen Diskurs kaum beachtet, und auch die Schule greift ihr Schaffen bisher nicht auf. Weder in Lehrwerken für das Fach Deutsch noch in gängigen Lehrermaterialien finden sich Hinweise oder Auszüge – was angesichts des gerade auch jugendliterarisch verfassten »Märchens für alle« (»Habe ich Dir eigentlich schon erzählt ...«) verwundert.[10] Nur wenige fachwissenschaftliche Artikel und Beiträge sind bisher über diese ersten sechs Romane und die sechs Theaterstücke erschienen, die sich – was ebenfalls erstaunt – nicht mit Überblicken oder Vergleichen, sondern meist ausschnitthaft mit einem Werk beschäftigen.[11] Eine gewisse literaturwissenschaftliche Bekanntheit scheint ihr Frühwerk durch Moritz Baßlers Einordnungsversuch zum Pop-Roman erhalten zu haben (zumindest findet sich kaum ein Artikel, der darauf nicht rekurrierte), in dem Baßler am Beispiel von »Ein paar Leute …« Sibylle Berg zur Repräsentantin der filmisch geprägten Short-Cut-Technik promoviert.[12] Neben diesem Befund scheint es in formaler Hinsicht insbesondere der Experimentalcharakter ihrer Romane zu sein, den die Literaturwissenschaft zum Schwerpunkt erhebt – dieser wiederum wird ursächlich durch Short-Cut-Verfahren und Polyphonie bedingt, in Verbindung mit einem ebenfalls durch die Forschung hervorgehobenen thematischen Schwerpunkt: der Sinnsuche des »transzendental obdachlosen« modernen Menschen. In den Fokus rücken daher insbesondere die Romane »Ende gut« und »Die Fahrt«, in denen die formalen und inhaltlichen Schwerpunkte in idealer Weise aufeinander bezogen scheinen. Bei rechtem Hinsehen zeigt sich jedoch, dass – wie oben bereits erwähnt – dieser poetologisch-motivische Nukleus einer deutlichen Progression unterliegt, die über die Jahre 1997 bis 2007 in allen genannten zwölf Werken spürbar ist.[13]

In motivischer Hinsicht ist das folgende thematische ›Raster‹ als eines der ältesten der Literatur zu kennzeichnen: Eine in gegenwartsdiagnostischer Absicht gezeichnete Sinnleere wird (in aller Regel) durch eine Ausfahrt kompensiert, über die eine ins Utopische weisende Sinnsuche in Gang gesetzt wird. Neben vereinzelten biblischen und homerischen Ursprüngen dieses Motivs ist es vor allem die mittelalterliche *aventiure*, über die dieser Topos zu einem herrschenden in der Literatur wird. Die Volkserzählungen (Legende, Märchen) konservieren den Topos und sorgen für Motivkonstanz und dadurch auch für Motivvariation (nicht zufällig ist eine von Bergs gelungensten Varianten ein Märchen). Die (Aus-)Fahrt avanciert so zur Bildungsreise und damit in metaphorischer Weise zum Lebensweg des Ausfahrenden – Urbild selbstverständlich auch des Bildungsromans. Das Ziel der Fahrt kann als Vervollkommnung des (eigenen) Lebens im (gebildeten, gläubigen, künstlerischen, nationalen) gereiften Menschen gesehen werden – wobei insbesondere der Roman die Realisierung der Utopie vereiteln kann (so schon im Falle Anton Reisers und seines bekannten Nachfolgers Hans Castorp). Die Fahrt gerät somit auch zur Didaxe, indem dem Leser die (Un)Möglichkeit der überwundenen Sinnleere und einige Möglichkeiten zur Überwindung exemplarisch vorgeführt werden.

Der Ausgangszustand der Sinnleere wird bei Berg mannigfach variiert, gehorcht letztlich aber einer klaren Vorgabe: Skizziert wird ein ›posthumanistisches‹ *setting*, in dem der meist längst flexibilisierte, postmoderne Mensch einem medialen und konsumorientierten *overload* ausgeliefert ist – und sich dankbar und freudig ausliefert. Lediglich Bergs Protagonisten beginnen an den Verführungen und Betäubungen von Konsum- und Kulturindustrie zu zweifeln und die Sinnleere zu spüren; so Vera an ihrem Geburtstag im Debütroman gleich zu Beginn: »Glückwunsch, sagt Vera. Das Wort steht in der leeren Küche. Fröstelt. Schaut sich die Küchenzeile an, das Wort, und verkriecht sich unter der Spüle. Stirbt daraufhin. Keiner ist da, um Vera zu gratulieren.«[14] Bemerkenswert erscheint der Umstand der sprachlich-motivischen Doppelung von Beginn an: Mit Vera und ihrer Wohnung wird auch das sterbende Wort in die Leere gestellt, in der es seine Bedeutung und sein Sinngebungspotenzial nicht aufrechterhalten kann. Zwischen den dürren Sätzen ist es nicht zufällig ein Wort innerster Anteilnahme und des Gedenkens, der Zwischenmenschlichkeit und Empathie, das depraviert wird und die Protagonistin im Zustand von Verlassenheit und Isolation zurücklässt. Was Sibylle Berg hier quasi urszenenhaft an den Beginn ihres Werks stellt, wird Programm der nächsten Jahre ihres Schaffens bleiben: Die Sprache ihrer Texte kann ebenso wenig wie die Figurensprache die Entleerung der Lebenswelt kompensieren, sie können sie nur abbilden und den Leser ebenfalls fröstelnd zurücklassen. Die Bühnenfassung des Romans setzt zu Beginn einen zweiten Akzent, der in ihren Stücken das Initial für die Flucht des Menschen in den Konsum darstellt: »Es ist wirklich unangenehm langweilig«,[15] lässt Berg hier Nora, Veras Tochter, sprechen, die nach Magersucht, Ritzen und anderen Lebensexperimenten den Roman (und auch das Stück) als ein Häuflein Asche oder »Nora oder das Ding, das mal Nora gewesen war«[16] verlässt.

Die zwölf Texte der ersten Werkphase variieren das Motiv der Sinnleere auf vielfältige Weise; dabei fällt immer wieder die Stadt als herrschender Raum auf, der klar konturiert wird: Sie erscheint beispielsweise in »Sex II« als »ein Reagenzglas voll übelriechender Stoffe, die vor sich hin gären, faulen und kleine Explosionen erzeugen, nach denen ein Haufen Mist wird, den niemand bestellt hat«.[17] Berlin wird zum Moloch, wenn es um deutsche Städte geht, aus denen die Protagonisten fliehen: »Keiner hätte geglaubt, dass dieser Klumpen eingezäunten Drecks jemals wieder so etwas wie eine Metropole werden konnte.«[18] Das Leben der Protagonisten als »urbane Singles«[19] präsentiert sich als Arrangement mit den Spätfolgen des Kapitalismus für das Individuum: »Ich mache fast alles für Geld, und nichts davon interessiert mich.«[20] Die oben bereits erwähnte Langeweile, der Überdruss, die routinierte Taktung durch die als entfremdet empfundene Arbeit prägen das »normal übersättigte« Leben solcher »normalen Arschlöcher«,[21] denen auch urbane Kultur nichts mehr bieten kann (»ist Ablenkung vom Dreck«[22]), denn: »Fernsehen ist die Kultur der Großstadt. Es ist absoluter Mist, der nicht tut, als wäre er etwas anderes.«[23] Sibylle Bergs Typenpanorama, das in den zahllosen Einzelepisoden der Romane ebenso wie in den *dramatis personae* immer wieder vorgeführt wird, enthält zu viele Exempel großstädtischen Personals, um sie hier aufführen zu können. »Das wird schon« beispielsweise präsentiert zu Beginn die als Typus im Werk durchgängig präsente alternde Frau: »Irgendwann war ich unsichtbar geworden. Eine der Frauen, die eine Silberspülung im Haar tragen und einen Kurzhaarschnitt mit Pony und Dauerwelle und Gesundheitsschuhe, kein Bruttosozialprodukt, keine Renditenkurve, keine Gebärmutter – ohne jede Relevanz für die Gesellschaft. Die armen kleinen, ausgeleierten Frauen ohne jede Funktion, warum erschießt man die nicht, ab einem gewissen Alter. So laufen wir herum, weitere 40 Jahre, und essen und scheißen völlig ohne jeden Sinn.«[24]

Neben der kapitalistisch induzierten Reduktion des Menschen auf sein ökonomisches Potenzial, die in diesem Zitat deutlich anklingt, sind es weitere Motive, die Bergs Gegenwartsdiagnose bestimmen – so zum Beispiel die Präsenz von Gewalt und entmenschlichter Sexualität. Beide Dimensionen vereinigt sie unter anderem in der Figur des Triebtäters (»Sex II«), des psychotischen Attentäters (»Die Fahrt«) oder des auf SM abgestellten Callboys (»Amerika«). Insbesondere »Amerika« führt mit dem Protagonisten Raul einen Repräsentanten des käuflichen Sex ein, der das Register an Sexualpraktiken perfekt beherrscht, ohne jemals Emotionen aufbauen zu können: »Ist es nicht schön für dich, fragte sie, und Raul sagte, doch doch, total schön, aber ich muss dann mal los.«[25] »Sex II« dekliniert sein Personal am Leitfaden des Intimlebens durch (»Malte, 37. Therapeut. Lebt alleine. Onaniert unregelmäßig zu Bildern von Hamilton, das sind die mit 14jährigen Ballettmädchen drauf«[26]). Die Motivkomplexe Sexualität und Gewalt (zu denen sich häufig der Drogenkonsum gesellt) steigert Berg bis zur Eskalation, häufig mit den Mitteln sprachlicher Groteske, mithilfe derer sie die Sex- oder Blutorgie als routinisierten Ablauf von Alltagspraktiken erscheinen lässt. Hier wie andernorts zeigt sich ihr Schaffen auch inhaltlich von der amerikanischen Popliteratur beeinflusst, denn zumindest ein Teil ihres Personals fände seinen Platz ebenso in Ellis' »American Psycho«. Entsittlichung und Entmoralisierung sind als Teil des *anything goes* postmoderne Schlacken in einem Werk, das sich mit vom postmodernen Enthusiasmus zurückgelassenen Figuren beschäftigt: »Doch was Moral ist, weiß niemand und keine Ahnung, warum wir bleiben, sagen Menschen in einer großen Stadt.«[27] Die posthumanistischen *surroundings* Bergs haben mit den Metaerzählungen der Moderne alle Formen ethischer Reflexion und moralischen Handelns hinter sich gelassen – was zählt, ist lediglich Profit und ein *surplus* an Einfluss, Macht und Sex. Dementsprechend kalkuliert Berg auch das herrschende Menschenbild, in dem alle humanistischen Ideen vom Menschsein getilgt sind: Leibliche und seelische Dimensionen fehlen ebenso wie ein echtes Miteinander; der Mensch ist im ultrarationalistischen Sinne ein unverbundenes Gestell aus rational-egomaner Profitkalkulation und auf Arbeit und Sex abgestellter Körpermaschine.

Solche Elemente erscheinen bereits in ihrem Theater-Erstling »Helges Leben« aufs Feinste und Deutlichste zugespitzt, beispielsweise in Helges Eltern Helga und Helmut, die den Sohn vernachlässigen zugunsten ihrer Körperoptimierung, ihrer Selbstvervollkommnung im Shopping-Erlebnis oder ihrer Sexualphantasien. Ohnehin ist im Erstling einiges angelegt und zur Perfektion geführt, was Romane und Stücke später ausbuchstabieren. Anja Hedrich hat zu Recht auf die intertextuelle Entsprechung zum Welttheater Calderons hingewiesen,[28] und Dawidowski/Schmidt führen intertextuelle Parallelen zum »Faust« auf,[29] was beide Forschungsbeiträge in erster Linie an der geschickten Rahmung des Stücks festmachen. Eben diese Rahmung aber deutet an, worum es Berg in Zeiten einer medienfixierten Öffentlichkeit ebenfalls geht: Gegenwartsdiagnostik kann die Tatsache nicht ausblenden, dass Öffentlichkeit heute nur noch im Modus der medialen Übertragung und des medial vermittelten Gesehenwerdens stattfindet. So ist dieses neue Spiel des Jedermann Helge eines, das in einer apokalyptischen Vision nichts als eine Echtzeit-Inszenierung für Tapir, Reh und Schnapphamster darstellt, die die ganze Widerlichkeit und Unzulänglichkeit des längst ausgestorbenen Menschengeschlechts goutieren – indem die Tiere auf der anderen Seite auch zu Karikaturen der Medienfixierung der Gegenwart werden.

Illustriert Berg in ihrem Frühwerk so vor allem die Auswüchse eines durch den Spätkapitalismus heraufbeschworenen Posthumanismus, kommt es doch in ihrem »Märchen für alle« »Habe ich Dir eigentlich schon erzählt ...« zu anderen systemkritischen Tönen. Hier wird mit der Lebenswirklichkeit junger DDR-Bürger im Grunde ein Gegenbild zu Helge (kein Zufall: der einzige titelgebende Protagonist!) und seinem Scheitern als Mensch im menschenverachtenden Konsumismus gezeichnet. Anna und Max sind 13 und beschließen die gemeinsame Flucht aus Thüringen über Ungarn und Rumänien, um das Meer (ein Leitmotiv bei Berg) und die Freiheit zu erreichen – am Ende reisen sie als blinde Passagiere in einem türkischen Dampfer nach Holland. Die inneren Monologe der beiden Protagonisten in diesem Roadmovie durch die sozialistischen Länder spiegeln teils bewusst, teils unbewusst die Zwänge des realen Sozialismus und die daraus resultierenden Unmenschlichkeiten, vor allem für die jugendlichen Opfer der Selbstbefreiungsversuche der Eltern. Im Romaneinsatz manifestiert sich eine bekannte Grundstimmung: »Es ist eigentlich immer kalt. Vielleicht gab es auch mal einen Sommer, aber wenn, dann habe ich den vergessen.«[30] Gerade dieser Text der in der DDR aufgewachsenen und 1984 mit 22 Jahren in die BRD emigrierten Autorin zeigt aufs Deutlichste: Der Systemwechsel ist keine Alternative, letztlich liegt es an den Menschen, die soziale Systeme aufbauen und verwirklichen.

Es sind fein abgestimmte poetische Verfahren, die Berg nutzt, um die Sinnleere des Menschen der Gegenwart (abgesehen vom DDR-Roman gibt es keinen Text, der auch nur in unmittelbarer Vergangenheit spielte) fühlbar zu machen. Neben dem dominanten, aus dem Kontext des Filmischen entlehnten Short-Cut-Verfahren sind dies die damit in ursächlichem Zusammenhang stehenden Methoden der Serialität und der Wiederholung. Bergs Texte treten als Collagen auf, die bei genauem Hinsehen vor allem in den Romanen »Ende gut« und »Die Fahrt« innere Kompositionsstrukturen offenbaren. Dies können Figurdominanzen (Leitfiguren) oder Motivketten sein, aber auch die geschickt inszenierten Perspektivwechsel fallen auf: Ein Geschehen wird durch zwei verschachtelte interne Fokalisierungen beleuchtet, sodass das Wissen des Lesers letztlich zu einer autarken Konstruktion aus zwei unvereinbaren Blickwinkeln wird. Dennoch gibt es auch Experimente mit starken Autorfiguren, die das erzählte Geschehen eben als erzähltes und inszeniertes präsentieren – dazu zählen die *dea ex machina*-Autorinszenierung in »Amerika«[31] ebenso wie Frau Gott in »Helges Leben«, die durchaus auch als Inkarnation der Autorin gelesen werden kann, indem sie das Spiel um Helge für den Tapir erschafft: »Also ich wiederhole, ein einfaches kleines Menschenleben. Vier Akte, möchten Sie in den Pausen wieder Karaoke spielen oder Werbung? (…) Meine lieben Zuschauer, ich schaffe Ihnen heute ›Helges Leben‹.«[32] Die oben bereits erwähnte Ebene der Metafiktion wird auf diese Weise bedeutsam: Dem Rezipienten soll die mediale Vermitteltheit des Geschehens jederzeit bewusst sein – Bergs Stücke und Texte geben sich nicht als das Geschehen illusionierende, sondern als das Geschehen inszenierende. Dazu gehört eine übergreifende Intermedialität der Präsentation, die naturgemäß vor allem am Theater ablesbar ist: Filmische Erzählweisen, TV-serielle Abläufe, Musikalisierungen, in den Romanen Illustrationen (»Habe ich dir eigentlich schon erzählt …«) und Fotos (»Die Fahrt«) sind durchgängig vorhanden. Das Werk betreibt darüber hinaus konsequent die Gattungsauflösung, indem es lyrische Texte integriert und das Short-Cut-Verfahren vom Roman auf das Theater überträgt. Der Unterschied zwischen Roman und Bühnenfassung von »Ein paar Leute …« erscheint entsprechend gering.

Die Nutzung solcher Verfahren unterstützt den Eindruck einer sich aus Regularitäten popliterarischer und postmoderner Schreibweisen nährenden Poetologie. Trotz einer in manchen Texten präsenten Fabel, die auf sprachlich auch häufig schlichte, an Mündlichkeit gemahnende Weise vermittelt wird, trotz also einer (zumindest teilweisen) Einschreibung Bergs in die »Wiederkehr des Erzählens« nach der Postmoderne[33] sind ihre Wurzeln in Pop und Postmoderne nicht zu verleugnen. Dies zeigt sich übrigens auch am Beispiel diverser Anleihen ihres theatralen Schaffens aus dem Bereich postdramatischer Theoriebildung. Bereits Baßler (siehe oben) wies auf den Aspekt der »Archivierung« als Dimension von Popliteratur hin, die sich extensiv in »Schau, da geht die Sonne unter« zeigt. Hier kommt es zu zahlreichen Enumerationen popkultureller Etikette, darunter vorrangig vieler Markennamen, die in der Textfassung des Bochumer Schauspielhauses in einem »Internet-Glossar« von »Alessi« bis »Westbam« zusammengefasst werden.[34] Der inflationäre Gebrauch solcher Begriffe nutzt das Wort nicht als Bedeutungsträger, sondern rückt es in den Status des begehrten Signifikanten, dessen eigentliche Bedeutung zur Nebensache gerät. Auch die durchgehende Medialisierung unterstützt einen solchen Eindruck, der vor allem aber im Gebrauch der Groteske als Darstellungsmittel in Roman wie Theater Ablösungen vom Illusionismus indiziert. Es geht Berg eben nicht um die Bedeutung des Dargestellten auf der Bühne, denn die Überschreitungen vor allem in den Bereichen Sexualität und Gewalt, aber beispielsweise auch der Stellenwert des Tiers als Sprechfigur (»Helges Leben«, auch »Herr Mautz«) weisen auf die Distanznahme der Darstellung vom Dargestellten. Konsequent tritt auf der Bühne die Körperlichkeit des Darstellers im extremen Akt seinem Text gegenüber in den Vordergrund. Dies alles sind Elemente, die das postdramatische Theater zum Kennzeichen erhebt – sie finden sich zumindest in Teilen auch bei Berg wieder.[35]

Wenn das Theater für Berg zum Medium der Gegenwartsdiagnose wird, so zeigt sich nun bei allen inhaltlichen (Vorführung der Sinnleere) und formalen (Anleihen bei Pop und Postmoderne) Gemeinsamkeiten doch ein wesentlicher Unterschied zwischen den Gattungen bei Berg, mit dem sie sich klar in literaturgeschichtlichen Kontinuitäten verortet: Während das Theater in der Regel den Finger in die Wunde des gegenwärtigen Posthumanismus legt, kommt es im Roman im Sinne des oben erwähnten thematischen Rasters zu einer Weiterführung der Ausfahrt und der Sinnsuche – insofern ergänzt der Roman die dystopische Apokalypse meist um eine utopische Komponente, die allerdings nur in einem Fall unter dem programmatischen Titel »Ende gut« eingelöst wird. Schon Herr Mautz bereist im gleichnamigen Stück Asien auf der Flucht vor Europa, seinen »unendlichen Tagen, Nächten, dem Ticken der Uhr«,[36] um dort in lastender Schwüle im Beisein der ihn quälenden drei Kakerlaken als Emissäre des Schicksals seinen Tod zu finden. Die intertextuellen Verweise auf Manns »Tod in Venedig« sind hier zwar locker, dennoch präsent – wie auch in »Ein paar Leute …«, von denen einige sich ebenfalls auf der Suche nach Sinn nach Venedig aufmachen, um dort zu sterben. Was dann in »Sex II« das Landhotel ist, gerät in »Amerika« zum titelgebenden Ou-Topos[37] nicht nur deutscher Literaturgeschichte – hier wie dort ist die Erfüllung jedoch nicht Teil der Sinnsuche. Das »Märchen für alle« konturiert den Ou-Topos klar als das nicht-sozialistische Ausland, insbesondere die Niederlande (bei einem *open end*); diese gestalten die größeren Texte »Die Fahrt« und »Ende gut« differenzierter. Straße[38] und Flughafen bleiben zwar auch hier dominierende Motive des Übergangs, der Ausfahrt, jedoch sind die Reiseziele zunächst völlig unbestimmt oder heterogen und polyvok. Die »erschöpften Reisenden der Post-moderne«[39] werden in »Die Fahrt« in einem übergroßen Panorama abgebil-det, das sechs Leitfiguren enthält, die den Text zusammenhalten. Die Orte und Reiseziele sind über die ganze Welt verteilt, sodass die Figuren von einer Großstadt zur anderen hetzen, ohne jemals Erfüllung zu finden; an jedem Ort holen sie der Überdruss und das Elend der kapitalistischen Welt wieder ein,[40] in der der Mensch letztlich zum Ding denaturiert. Im Zusammenhang mit dem Aspekt der Sinnsuche erscheint vor allem der Rahmen dieser vielen Miniaturen bedeutsam: Die erste zeigt Gunner aus Reykjavik bei der Auf-gabe seines idyllischen Hauses nach dem Krebstod seiner Frau; die letzte dann zeigt Frank und Ruth, deren Reisen einen stabilisierenden Faden dar-stellen, nach dem Einzug in dieses Haus und kurz vor Franks Krebstod. Zuvor allerdings erleben beide für eine kurze Zeit das, was bei Robert Musil vielleicht »Anderer Zustand« hieße, eben die Erfüllung der Berg'schen Uto-pie, die sich hier (nach Morphiumgenuss) so anhört: »Kichernd lagen sie im Bett, trugen die Hasenohren und spielten zusammen.«[41]

Deutliche Parallelen sind in »Ende gut« zu finden: Eine Ich-Erzählerin, Großstädterin, erlebt nach einigen Einblicken in ihr frustrierendes Dasein (Arbeit, Intimleben, Freizeitgestaltung, Fernsehen …) die durch weltweiten Terrorismus verursachte Apokalypse und begibt sich auf die Flucht. Ihre Egozentrik und ihre Misanthropie wandeln sich mit der Zeit in Momente echter Anteilnahme, als deren Konsequenz sie aber immer wieder enttäuscht wird. Erst die Bekanntschaft mit dem »stummen Mann« lässt sie eine erste Ahnung des Glücks erleben, das sie schließlich nur auf der Insel Kökar (ein Teil der finnischen Ålands) weitestgehend ohne Anbindung an die Außen-welt in völliger Zurückgezogenheit erleben kann. Anders als in »Die Fahrt« benötigen die Protagonisten hier weder Rauschmittel, noch stehen sie kurz vor dem Ende – die Stillstellung der Utopie rückt in den Bereich des Mög-lichen, wenn der Roman endet: »Wenn wir im Bett liegen, abends, und das Meer hören, mein Kopf auf seinem Arm, habe ich manchmal fast das Gefühl, als hätte ich es gelöst. Das große Rätsel. (…) Und sie leben weiter, bis an ihr Ende. Und zwar gut.«[42] Im Vergleich zu den übrigen Werken der frühen Phase lassen sich einige bemerkenswerte Ähnlichkeiten bei der Dar-stellung der utopischen Züge finden, die sich bereits in den beiden kurzen Zitaten andeuten: Das Glück steht als Sinnerfüllung bei Berg häufig im Zusammenhang mit Denkfiguren der *unio mystica*, zu der ein Gegenüber gehört, das interpersonale Verschmelzung ermöglicht. Dies ist bei Berg in der Regel der Partner; Liebe als Partnerschaft und im Kontrast zur dem kapitalistischen Leistungsdenken einbeschriebenen körperlichen Sexualität scheint das Erfolgsmodell für individuelle Zufriedenheit jenseits der Selbst-betäubung. Auch die frühen Texte deuten dies an (»Sex II«, »Ein paar Leute …«), verhindern jedoch durch eine ins Katastrophische abdrehende

Groteske letztlich die Erfüllung. Im »Märchen für alle« wird sie im offenen Ende angedeutet, dabei allerdings mit einem weiteren Moment als Bedingung für die Realisierung von Utopien verbunden: Diese sind notwendig an Orte gekoppelt, die sich der kapitalistischen Territorialisierung entziehen, Un-Orte oder Nicht-Orte im wörtlichen Sinne. »Amerika« entlarvt – wie oben bereits geschildert – einen der traditionellen Sehnsuchtsorte der Literaturgeschichte als korrumpiert. Neben Finnland und Island taucht das Insel-Motiv wiederholt auf, das immer wieder mit dem Motiv des Meeres verbunden ist (insbesondere in »Habe ich dir eigentlich schon erzählt«): »Wir sitzen schweigend und schauen auf das Meer (…). Irgendwann haben sich die Dinge in uns, die keinen Namen haben, aneinander gewöhnt. Wir werden ruhiger.«[43] »Ende gut« verrät dann auch die Bedingung für die Existenz dieser Nicht-Orte: »Das Land ist wirtschaftlich, kulturell und politisch wohl zu uninteressant für den Rest der Welt. Das ist das Geheimnis, zu uninteressant zu sein, als dass irgendwer Erwartungen in einen setzt.«[44] An diesen Orten herrscht vor allem Stille – das Schweigen wird bei Berg zu einem wesentlichen Aspekt der Realisierung von Utopien (nicht zufällig ist der namenlose Partner in »Ende gut« ein stummer Mann). Nur im Schweigen ist die Stillstellung der rasenden Signifikanten und Simulakren der Konsumindustrie möglich, im Schweigen gibt es auch die Lüge nicht. Damit avanciert das Schweigen zum Gegenbild der oben erwähnten Markenschau gerade der frühen Theaterstücke Bergs. Ein drittes Moment klingt beispielsweise kurz in den »Hasenohren« aus »Die Fahrt« an: Das Tier erscheint ebenfalls immer wieder als Gegenbild zum vergesellschafteten und flexiblen Menschen, zum »fraktalen Subjekt« (Baudrillard). Das unreflektierte Bei-sich-Sein des Tiers ermöglicht schon in »Helges Leben« dessen Blick auf den Menschen als Gattung, die sich überlebt hat. Auch in »Sex II« ist der Zoo einer der Orte, die sich sozialisierenden Zugriffen entziehen, an denen der unvoreingenommene Blick auf den Anderen möglich wird.

In all diesen Charakteristika scheinen Züge auf, die an Foucaults Konzept der Heterotopie erinnern: »Es gibt gleichfalls (…) wirkliche Orte, wirksame Orte, die in die Einrichtung der Gesellschaft hineingezeichnet sind, sozusagen Gegenplatzierungen oder Widerlager, tatsächlich realisierte Utopien, in denen die wirklichen Plätze der Kultur gleichzeitig repräsentiert, bestritten und gewendet sind, gewissermaßen Orte außerhalb aller Orte. (…) Weil diese Orte ganz *andere* sind als alle Plätze (…), nenne ich sie (…) *Heterotopien*.«[45] Sibylle Berg verhandelt *en passant* auch die traditionelle Rolle der Kunst in diesem Zusammenhang: Kann nicht beispielsweise die Musik im Schopenhauer'schen Sinne eine zumindest temporäre Erlösung vom Leiden garantieren? Ist vielleicht wie bei Proust das erinnernde Schreiben ein Element utopischen Denkens? Pia, eine der Figuren aus »Die Fahrt«, zieht sich nach Bayreuth zurück und erlebt Wagner, aber: »Selbst in Bayreuth (…)

stehen diese Geschwüre. Die Buden, der Schlecker, all dieser Dreck, zwischen dem sich Menschen seitlich bewegen, weil geradeaus nicht mehr geht wegen des Bauches. (…) es bleiben nur Fluchten, kleine Momente, zu denen einem Künstler verhelfen, wo man eins wird mit seinem Kopf und verschwindet aus all dem Dreck, dem Körper, den Wurstbuden (…). Vielleicht ist Totsein wirklich nicht die schlechteste Alternative.«[46] Sollte man gewillt sein, diese Passage auch als Selbstkommentar zu lesen, ergeben sich daraus Ansätze zu einer Poetologie: Bergs Stücke und Romane erheben einen klaren kritischen Anspruch; sie gehen mit dem Zustand der (westlichen) Welt hart ins Gericht. In formaler Hinsicht wird dies früh am Beispiel des Welttheaters und an intertextuellen Strategien der Verkehrung deutlich, vor allem aber ist es die geschickte Nutzung popliterarischer und postmoderner Verfahren, die die Texte in die Groteske münden lässt. Traditionelle Muster wie die Bildungsreise oder utopische Muster (»Amerika«) werden dekonstruiert, ohne dabei auf das Erzählen ganz zu verzichten. Letztlich bleibt die Realisierung der Utopie in märchenhafte Strukturen eingebettet (das »Märchen für alle«) – oder mündet in den Tod, wie in die »Die Fahrt«. Wo sie gelingt, die Utopie, schließt der Text augenzwinkernd mit der ironischen Verfremdung des Märchenzitats: »Und sie leben weiter, bis an ihr Ende. Und zwar gut.«[47]

1 Sibylle Berg: »Ein paar Leute suchen das Glück und lachen sich tot«, Leipzig 1997. — 2 Sibylle Berg: »Die Fahrt«, Hamburg 2009. — 3 Sibylle Berg: »Sex II«, Leipzig 1998. — 4 Sibylle Berg: »Amerika«, Reinbek 1999. — 5 Sibylle Berg: »Habe ich Dir eigentlich schon erzählt … Ein Märchen für alle«, Köln 2006. — 6 Sibylle Berg: »Ende gut«, Hamburg 2005. — 7 Sibylle Berg: »Helges Leben«, in: Dies.: »Vier Stücke«, Stuttgart 2008. — 8 Sibylle Berg: »Herr Mautz«, in: Nils Tabert (Hg.): »Playspotting 2. Neue deutsche Stücke«, Reinbek 2002, S. 25–62. — 9 Sibylle Berg: »Schau, da geht die Sonne unter«, »Das wird schon«, »Wünsch Dir was!«, in: Dies.: »Vier Stücke«, a.a.O. — 10 Als Ausnahme sei ein Beitrag des Verfassers für die Zeitschrift »Deutschunterricht« genannt: »Sibylle Bergs modernes Märchen für alle.« In: »Deutschunterricht« H. 4 (2015), S. 36–41. — 11 Beispielhaft seien genannt: Christian Dawidowski: »Ausgestellte Körpermenschen. Über Sibylle Berg«, in: Heinz Ludwig Arnold / Ders. (Hg.): TEXT+KRITIK-Sonderband »Theater fürs 21. Jahrhundert«, München 2004, S. 52–69; Frank Degler: »Figurationen des Abschieds: Sibylle Bergs Experimentalpoetik utopischer Neuanfänge«, in: Paul Michel Lützeler / Stephan Schindler (Hg.): »Gegenwartsliteratur«, H. 8 (2009): »Neue ostdeutsche Literatur«, S. 122–144; Anja Hedrich: »›Und alles macht doch keinen Sinn.‹ Die vergebliche Sinnsuche des Menschen in Sibylle Bergs Welttheatervariation ›Helges Leben‹«, in: Andrea Bartl / Nils Ebert (Hg.): »Der andere Blick der Literatur. Perspektiven auf die literarische Wahrnehmung der Wirklichkeit«, Würzburg 2014, S. 377–396; Emily Jeremiah: »Sibylle Berg, ›Die Fahrt‹: Literature, Germanness, and Globalization«, in: Lyn Marven / Stuart Taberner (Hg.): »Emerging German-language novelists of the 21. century«, Rochester 2011, S. 133–147; Grazyna Krupinska: »Das postmoderne Reisen im Roman ›Die Fahrt‹ von Sibylle Berg«, in: Jolanta Pacyniak / Anna Pastuszka (Hg.): »Zwischen Orten, Zeiten und Kulturen: Zum Transitori-

schen in der Literatur«, Frankfurt/M. 2016, S. 111–121; Jürgen Link: »(Nicht) normale Lebensläufe, (nicht) normale Fahrten: Das Beispiel des experimentellen Romans von Sibylle Berg«, in: Ute Gerhard u. a. (Hg.): »(Nicht) normale Fahrten. Faszinationen eines modernen Narrationstyps«, Heidelberg 2003, S. 21–36; Katja Semmler: »Sibylle Bergs Roman ›Ende gut‹«, in: Dies. (Hg.): »Die Straße als literarischer Topos. Beobachtungen zu literarischen Texten von Brigitte Reimann und Sibylle Berg«, Schkeuditz 2008, S. 76–104. — **12** Vgl. Moritz Baßler: »Der deutsche Pop-Roman. Die neuen Archivisten«, München 2002, S. 80–82. — **13** Degler: »Figurationen«, a. a. O., unterteilt Bergs Schaffensphasen mit dem Jahr 2001; er führt einige der im vorliegenden Artikel genannten Charakteristika auf, konnte allerdings angesichts des Erscheinungsdatums 2009 spätere Werke nicht berücksichtigen. — **14** Berg: »Ein paar Leute …«, a. a. O., S. 7. — **15** Sibylle Berg: »Ein paar Leute suchen das Glück und lachen sich tot«, Bearbeitung für die Bühne von Stephan Bruckmeier, in: »Theater heute«, H. 8/9 (1999), S. 78–84, S. 78. — **16** Berg: »Ein paar Leute …«, a. a. O., S. 176. — **17** Berg: »Sex II«, a. a. O., S. 9. — **18** Berg: »Die Fahrt«, a. a. O., S. 15. — **19** Berg: »Ein paar Leute …«, a. a. O., S. 12. — **20** Berg: »Ende gut«, a. a. O., S. 15. — **21** Berg: »Sex II«, a. a. O., S. 9. — **22** Ebd., S. 10. — **23** Ebd., S. 12. — **24** Berg: »Das wird schon«, a. a. O., S. 114 f. — **25** Berg: »Amerika«, a. a. O., S. 5. — **26** Berg: »Sex II«, a. a. O., S. 25. — **27** Ebd., S. 9. — **28** Vgl. Hedrich: »Und alles macht doch keinen Sinn«, a. a. O. — **29** Vgl. Christian Dawidowski / Nadine Schmidt: »Faust-Spuren bei Wedekind, Hochhuth und Sibylle Berg: Ein Beispiel zum intertextuellen Literaturunterricht«, in: Christian Dawidowski (Hg.): »Gegenwartsliteratur und Postmoderne im Literaturunterricht«, Baltmannsweiler 2012, S. 122–140. — **30** Berg: »Märchen für alle«, a. a. O., S. 9. — **31** Vgl. die nach dem Muster der Popliteratur erfolgte Selbstinszenierung Bergs als Diva auf dem Cover wie auch die Rolle Gottes als Autor im Text, der beispielsweise die Wünsche Rauls erhört: »Gott, lass mich doch bitte reich sein und Anna haben, ich gebe dir alles, was ich habe, einen Arm, ich gebe dir sogar meinen Schwanz dafür, hörst du mich, Gott? – Ja, Spatzl, ich höre dich sehr gut.« (S. 37) Genau diese Wünsche werden detailgetreu im zweiten, in Amerika spielenden Teil erfüllt: »Bert fickt Raul, der seinen Schwanz durch eine fiese Laune der Autorin bei der Transformation in ein prima Leben verloren hat.« (S. 196). — **32** Berg: »Helges Leben«, a. a. O., S. 14 f. — **33** Dem widerspricht allerdings die Aufsplitterung von Texten in mannigfache, oft heterogene Stränge, das kaleidoskopartige und collagierende Verfahren, in dem Texte zu mäandernden Erzählflächen werden. — **34** Sibylle Berg: »Schau, da geht die Sonne unter«, hg. vom Schauspielhaus Bochum (Bochumer Stücke 18), Moers 2002. — **35** Vgl. Dawidowski: »Ausgestellte Körpermenschen«, a. a. O. — **36** Berg: »Herr Mautz«, a. a. O., S. 27. — **37** Vgl. Degler: »Figurationen«, a. a. O., S. 129 ff. — **38** Vgl. Semmler: »Die Straße«, a. a. O. — **39** Vgl. Krupinska: »Das postmoderne Reisen«, a. a. O., S. 119. — **40** Jeremiah: »Die Fahrt« (a. a. O.) erkennt darin die Suche nach »Heimat« und deutet diese als Deutschlands Suche nach globaler Identität, wobei »Germanness remains, however, as a restrictive and exclusionary construct« (S. 141). Die bewusst angelegte Globetrotter-Identität der Figuren, die isländische Erfüllung der Utopie und auch die globalen literarischen Räume des Textes machen diese These schwer nachvollziehbar. — **41** Berg: »Die Fahrt«, a. a. O., S. 345. — **42** Berg. »Ende gut«, a. a. O., S. 334 f. — **43** Ebd., S. 332. — **44** Ebd., S. 333. — **45** Michel Foucault: »Andere Räume«, in: Karlheinz Barck u. a. (Hg.): »Aisthesis. Wahrnehmung heute oder Perspektiven einer anderen Ästhetik«, Leipzig 1998, S. 34–46, S. 39. — **46** Berg: »Die Fahrt«, a. a. O., S. 285. — **47** Berg: »Ende gut«, a. a. O., S. 335.

Julia Reichenpfader

Schläft der Mann am Ende gut?

Hegemoniale Körperinszenierungen und regressive Reaktionen
in Sibylle Bergs Romanen

Terroranschläge, Flutkatastrophen, Kriege, AfD und Donald Trump – die
Welt geht unter. Schon wieder und immer noch. Gegenwärtig wird konstatiert: Wir reagieren darauf mit Regression. Nicht nur Sachbuchautor/innen
bestätigen regressive Reaktionen auf das aktuelle Weltgeschehen.[1] Wie dieser Beitrag zeigt, zeichnet auch Sibylle Berg in ihren Romanen »Ende gut«[2]
und »Der Mann schläft«[3] ein Weltbild, dem die Figuren ein *Back to the
Roots*-Verhalten entgegensetzen und bestätigt somit die Interpretation ihrer
Texte als »Bestandsaufnahmen des jeweiligen Zeitgeists«.[4] Mariam Tazi-
Preve spricht beispielsweise von einer »Re-Familisierung«: »Je unsicherer die
Welt, in der wir leben und arbeiten, desto grösser die Sehnsucht nach einem
stabilen Rückzugsort.«[5] Auch die Protagonistinnen im Berg-Werk suchen
einen Rückzugsort im Privaten; einer heteronormativen Paarbeziehung.
Das Leiden an ihrem Körper und an der Welt lässt sie zum Ursprung zu-
rückkehren: In den geschützten Raum der *chora*.

»Ende gut«

Zu Beginn des Berg-Romans »Ende gut« (2004) stellt sich die autodiegetische Erzählinstanz vor: »Ich bin so um die 40. (…) meine Haut wird immer
weicher oder das Fleisch darunter, das kann ich nie auseinanderhalten.«
(EG, S. 15) In Berg'scher misanthropischer Manier beschreibt die »Heldin« – wie sie in den Kapitelüberschriften von einer weiteren extradiegeti-
schen Erzählinstanz genannt wird und somit hier die autodiegetische zur
intradiegetischen Erzählinstanz macht – eine Welt, die im Begriff ist, unter-
zugehen. Seuchen und Terroranschläge sind europäischer Alltag und als solcher für die Erzählinstanz nicht weiter relevant.[6] Dabei lernen wir die
namenlose Protagonistin als einsame Frau kennen, die sich viele Gedanken
über ihr Alter(n) macht und versucht, die Welt über das Sammeln von
»Infohaufen« zu strukturieren, welche mediale Schreckensnachrichten wie-
dergeben. Ihre Lethargie scheint die Protagonistin zu überwinden, nachdem sie einen Terroranschlag überlebt und einer Nachbarin beim Suizid
hilft. Diese Ereignisse lassen die »Heldin« eine »Initiationsreise unterneh-

men, die einer Sinnsuche gleicht und an deren Ende sie zu einem neuen Selbst gelangt«, schlussfolgert Solange Landau.[7]

»Der Mann schläft«

Die ebenfalls namenlose Ich-Erzählerin im Roman »Der Mann schläft« (2009), eine Frau über vierzig, die sowohl an der »Unattraktivität der Welt« (DMS, S. 7) als auch an ihrer eigenen leidet, misstraut der Liebe, in der sie nur noch ein »Marketinginstrument« (DMS, S. 15) der Industrie sehen kann. Dann trifft sie den ebenfalls namenlosen »Mann ohne Eigenschaften«[8] und wird Teil eines Paares.

Die Handlung ist in kurzen Kapiteln erzählt und springt zwischen zwei Erzählsträngen: Ein Strang beginnt »damals« vor vier Jahren, als die Protagonistin noch Single war. Der andere beginnt »heute« in der Zeit auf der Insel, als der Mann verschwand. Die Stränge laufen immer weiter zusammen, sodass sie schließlich im »jetzt« münden. Durch diesen Aufbau werden die Zeiten mit und ohne Mann ständig kontrastiert. Der Roman ist keine klassische Liebesgeschichte, vielmehr geht es um einen pragmatischen Ansatz einer Zweierbeziehung, der selten Inhalt literarischer Werke ist.[9] Diese Beziehung hilft der Protagonistin jedoch, ebenso wie jener in »Ende gut«, den Moloch Welt kurzfristig zu vergessen und sich geborgen zu fühlen.

Das Leiden am Körper

Zu Beginn des einen Erzählstrangs in »Der Mann schläft« beschreibt die Erzählerin ihr vorheriges Leben ohne den Mann, wobei ihr Alterungsprozess eine erhebliche Rolle spielt: »Vielen in den mittleren Jahren war jede Niedlichkeit abhanden gekommen, und eine meiner großen Sorgen war es gewesen, gleichfalls zu einer unerfreulichen Person zu werden, mit schlechtem Geruch und gelber Ausstrahlung.« (DMS, S. 9) Aufgrund ihres Alters lässt sie sich von ihren jüngeren Liebhabern ausnutzen: »Ich hatte mich so behandeln lassen, wie ich meinte, dass es mir zustünde, weil ich nicht mehr makellos war.« (DMS, S. 18) Ihre vermeintliche Unattraktivität resultiert aus ihrem Alter und führt zu Misserfolgen auf »dem freien Markt der Geschlechter« (DMS, S. 25). Das Alter, die Unattraktivität und das Verschwinden innerhalb der Gesellschaft korrelieren ihrer Meinung nach miteinander (»dass ich älter werden würde, schlaff, verrottet, vergessen«, DMS, S. 15).

Die ›Heldin‹ des Romans »Ende gut« thematisiert ebenfalls ihr durchschnittliches Aussehen[10] zu Beginn der Handlung und macht zunehmend deutlich, dass sie ihren »verkommenen Körper« (EG, S. 23) als Defizit erlebt und ihr das voranschreitende Alter Angst macht: »Ich habe versäumt, meine Jugend zu nutzen, und nun wird meine Haut durchsichtiger, wirft Falten, der Bauch beginnt zu hängen, die Schenkel werden zu Wasser. Ich ziehe manchmal an mir, habe Lust, alles bis auf die Knochen abzuschaben, was nicht meinem inneren Bild entspricht, und immer besser kann ich mir mich als Alte vorstellen, als stinkenden Haufen in einer Ecke, der für niemanden von Interesse ist.« (EG, S. 88)

Die Körperfixiertheit, die die Heldin spürt, entspricht dem Konsens wissenschaftlicher Studien[11] zum Thema »Körper«: Die 1990er Jahre riefen den Körper als goldenes Kalb aus: »Das Jahrzehnt hatte den Körper zum heiligen Dings erklärt, gerade weil keiner mehr Körper brauchte, Männer keine Muskeln mehr benötigten, denn der neue Mittelstand, das neue Mittelmaß, die geistige Elite, hockte vor Computern, während ihre Frauen jung und straff sein mußten, und so waren die 90er auch das Jahrzehnt der Schönheitschirurgie, der Hülle, der Leere.« (EG, S. 22)

In seiner »Soziologie des Körpers« erklärt Robert Gugutzer, dass der Körper durch die gewonnene Freizeit zunehmend in den Fokus der Menschen rücke.[12] Annette Barkhaus und Anne Fleig behaupten, ähnlich wie Bergs Protagonistin, dass »die im Studio geschulten Muskeln«[13] immer weniger gebraucht und genau deshalb immer wichtiger würden. Sie führen weiter aus: »Als Diagnose konstatieren wir: Der Körper ist zum selbstverständlich eingesetzten Instrument unserer alltäglichen Selbstinszenierung geworden (…). Auch Body-Building und Fitneßtraining zielen vornehmlich auf die Schaffung eines schönen, gut gebauten Körpers.«[14] Und somit »verdrängt (…) der junge und schöne Körper den von Alter, Arbeit und Krankheit gezeichneten Körper aus der öffentlichen Wahrnehmung und dem öffentlichen Bewußtsein«.[15] Oder wie es die Erzählerin in »Ende gut« formuliert: »Weil die Bevölkerung der westlichen Welt hoffnungslos überaltert war, wurde Jugend als luxuriöse Qualität verehrt.« (EG, S. 21)

Double Standard of Aging

Das Fehlen dieser »Qualität« trifft Frauen härter als Männer – auch das weiß die Erzählerin. Was Susan Sontag in den 1970er Jahren den »Double Standard of Aging«[16] nannte, prägt den Umgang mit dem Alter bis heute.[17] Gesellschaftliche Anerkennung wird bei weiblich sozialisierten Personen stärker über ihre körperliche Attraktivität hergestellt, als dies bei männlichen der Fall ist. Da Attraktivität stark mit Jugend korreliert, ist das Ideal der jungen Frau erstrebenswert.[18] So auch bei den Frauen in »Ende gut«: »Die Frauen im Restaurant sind Frauendarsteller. Sie haben die Partnerwahlkriterien der Männer verinnerlicht: flacher straffer Bauch – bisher keine Schwangcrschaft. Dicke, pralle Ohrläppchen – Zeichen für Jugend. (…) Athletischer Körper – gut, um Nachwuchs zu zeugen, wird trainiert und chirurgisch hergestellt. (…) Es gibt nur sehr jung und geliftet.« (EG, S. 95 f.) Dass ältere Männer im Gegensatz dazu ein anderes Selbstbild haben (dürfen), wird ebenfalls von der »Heldin« thematisiert: »Wie bin ich verkommen, daß mich noch nicht einmal häßliche, fettleibige Männer ansehen. Rätsel Mann, der, egal wie alt und unansehnlich, vermeint, ihm stünde eine Schönheitskönigin zu, weil es sich bei jeder Frau doch nur um eine unterlegene, primitivere Spezies als die männliche handelt.« (EG, S. 98 f.) Obwohl sie die patriarchale Hegemonie reflektiert,[19] ist sie zunächst nicht in der Lage, sich von dem hegemonieerhaltenden Jugendideal[20] zu distanzieren.

Die apokalyptische Welt, wie sie in »Ende gut« beschrieben wird, ist außer Kontrolle geraten. Wenn nichts mehr Sicherheit bietet, dann erscheint der Körper das einzig Zuverlässige und immer Verfügbare zu sein, schlussfolgert die Psychologin Benigna Gerisch in Bezug auf das gegenwärtige Gefühl der »Orientierungslosigkeit«.[21] Dies spürt auch Bergs Protagonistin: In einer unsicheren Welt ist ihr Körper extrem wichtig.

Wendepunkt

Dass der Körper vielleicht doch kein allgemeingültiger »Sicherheitsproduzent«[22] ist, wird der Erzählerin in »Ende gut« bewusst, als sie einer Frau (»hundertsechzig Kilo Fleisch in schlechter Verfassung«, EG, S. 125) beim Suizid hilft. Vielleicht gerade weil die Frau kulturgeschichtlich den meisten Ekel auslösen kann[23] (»Sie ist, wie schnell sich ausbreitender biologischer Schleim (…).« EG, S. 125), überwindet die Protagonistin ihre »Kontaktarmut« (EG, S. 127), kann die Frau berühren und denkt, dass Berührungen allgemein das Elend verringern würden. Ihr wird klar, dass sie ihr Nachdenken über das eigene Altern vom eigentlichen Leben ablenkt. Und so entsorgt sie als symbolischen Befreiungsakt ihre industriell hergestellten Schönheitshelfer und die Medien, die das Bild des Schönheitsideals vermitteln (EG, S. 131) und kann der Unsichtbarkeit der alternden Frau[24] sogar etwas Positives abgewinnen: »Mein sexuell uninteressantes Alter scheint die Menschen ehrlicher zu machen, es führt zu weniger Lügen, wenn der dauernde Ansporn, sein sexuelles Geschäft in mir zu erledigen, nicht mehr im Vordergrund steht. Ein wenig wie UNSICHTBAR sein. Da ich mich nie sichtbar gefühlt habe, gibt es nichts zu vermissen.« (EG, S. 154 f.) Mit dieser Erfahrung begibt sich die »Heldin« auf die Reise; sie flieht vor der untergehenden Welt und sucht eine Lebensnische. Sie lernt einen »netten Mann« kennen, der gerade ein Auto aufbricht, und fährt mit ihm los. Die »Geschichte bewegt sich auf eine völlig neue, emotionale Ebene zu« (EG, S. 267), so die

Kapitelüberschrift. Der Mann ist entweder »taubstumm« (EG, S. 267) oder »still« (EG, S. 270) – jedenfalls redet er nicht. Er gibt der »Heldin« eine gewisse Sicherheit (ebd.), sodass sie zum ersten Mal an ein »UNS« denken kann (EG, S. 276).[25] Der ebenfalls namenlose Mann, der »etwas rundlich« ist (S. 270), »(muß) unbedingt einen runden Namen haben« (EG, S. 271), wobei der genaue Name irrelevant für die Erzählerin ist, seine Identität also zweitrangig. »In der warmen Autoblase« (ebd.), in der sie sich mithilfe des Mannes befindet, »rausch(t)« (EG S. 272) sie durch ihre schönen Erinnerungen – wie man es dem Moment kurz vor dem Tod nachsagt.

Back to the Roots

Diese Beschreibungen lassen vermuten, dass sich die Protagonistin in einen Zustand der Geborgenheit versetzt fühlt, wie er der Entität im Mutterleib zugeschrieben wird. Sie »rauscht« rückwärts durch ihr Leben und zurück in die »warme (Auto)blase«, in der die Sprache noch nicht existiert und sich die Identität noch nicht gebildet hat. Die Sprache erscheint der Protagonistin im Vergleich zum Fühlen als kontrolliertes, unauthentisches Moment: »(…) fast scheint mir Reden eine Geste der Hilflosigkeit, die eher Verwirrung schafft – nicht einmal der Redner selbst weiß, wieviele Kontrollinstanzen das Gesagte durchlaufen hat, ehe es den Mund passieren darf. Ich glaube zu spüren, was in dem Mann vorgeht, was ihn erheitert oder ihm angst macht, inzwischen sehe ich meist dieselben Dinge wie er, wir laufen im gleichen Schrittmaß (…).« (EG, S. 291) Aufgrund der Wichtigkeit des neu entdeckten Körperkontakts ist es für die »Heldin« umso verletzender, den Mann beim Geschlechtsverkehr mit einer anderen Frau zu sehen. Sie flüchtet abermals aus der Kommune, in der beide eine Zeit lang lebten, und zieht sich zurück in ein ruhiges Holzhaus inmitten der Natur. Als Eremitin ist sie auf körperliche Attraktivität nicht angewiesen und »muß sich nicht verbiegen, um der Umgebung gerecht zu werden« (EG, S. 328). Dieses Haus ist für sie ein idealer Rückzugsort, kann aber auch – ähnlich wie der Mutterleib[26] – mit dem Tod verbunden werden: Er ist der »perfekte(n) Ort für die letzte Ruhe« (EG, S. 324). Diese Ruhe wird auch nicht zerstört, als der Mann plötzlich vor der Tür steht. Das Paar gewöhnt sich aneinander: »Irgendwann haben sich die Dinge in uns, die keinen Namen haben, aneinander gewöhnt. Wir werden ruhiger. Etwas ist wieder im Takt.« (EG, S. 332) Die Protagonistin hat keine Namen, also keine Worte für ihre Innen- und Außenwelt. Der gemeinsame Takt erinnert an den Rhythmus des Herzschlags im Mutterleib.

Die Protagonistin in »Der Mann schläft« träumt ebenfalls von einem geborgenen Leben innerhalb einer »Blase«: »Es waren jene wunderbaren

Momente, in denen ich und die Umgebung deckungsgleich waren: eine große leere Blase (…).« (DMS, S. 111) Mit dem Mann, dessen einzige Qualität es ist, das Gefühl des Geliebtwerdens in der Erzählerin zu erzeugen (DMS, S. 9), gelingt ihr dieses Leben zunächst. Er stillt ihren »Hunger«, ist die Antwort auf ihr Heimweh (DMS, S. 10). »Mein Gefühl war nicht flirtend, nicht aufgeregt, nicht lecken wollte es oder hecheln. Ich war satt. Zum ersten Mal seit Beginn meiner eigenen Geschichtsschreibung fehlte mir nichts.« (DMS, S. 133) Ihre Bedürfnisse werden also durch die bloße Anwesenheit des Mannes gestillt – so, wie ein Kind im Mutterleib immer schon befriedigte Wünsche hat. Die Protagonistin fühlt sich an der Seite des Mannes zunehmend wie ein Baby in einer Gebärmutter: Sie beruhigt sich, wenn sie sein »Klopfen des Blutes« (DMS, S. 61) fühlt, ihr ist körperlich kalt, wenn er nicht da ist (DMS, S. 102). Später konstatiert sie sogar: »Vielleicht habe ich mich als Baby ähnlich gefühlt. Behütet, warm, angstlos. Wenn ich nicht schlafen konnte, genügte es, meinen Kopf auf den Bauch des Mannes zu legen, mein Herz wurde ruhiger. Man sagt, dass Babys sich am Puls der Mutter beruhigen.« Die Männer werden von den Protagonistinnen also als Mutterleibersatz benutzt. Gewillt, den eigenen Körper als unwichtig zu erachten, ziehen sich die Frauen in die *chora* zurück.

Die Chora

Der theoretisch gedachte Mutterleib als »chora«[27] spielt eine entscheidende Rolle in Julia Kristevas Theorie der Subjektwerdung und des Spracherwerbs. In ihrer Schrift »Die Revolution der poetischen Sprache«[28] führt Kristeva das Begriffspaar »semiotisch« und »symbolisch« ein, welches ihr weiteres Werk prägt. Sie zeichnet eine Sprachphilosophie, in dem sich beide Entitäten gegenseitig bedingen. Das Semiotische hat seinen Platz in der *chora* und enthält somit eine Beziehung zum mütterlichen Körper. Es gibt nach Kristeva eine bestehende symbolische Ordnung, in die das Semiotische permanent eindringt und es so zu gefährden droht. Das Semiotische geht dem Symbolischen voraus. Mit der Sprachbildung tritt das Kind in die Sphäre des Symbolischen ein und kann eine eigene Identität bilden. Es kann zwischen Innen und Außen, dem eigenen und dem mütterlichen Körper unterscheiden und muss seine Bedürfnisse nun artikulieren, da sie – im Gegensatz zur Entität im mütterlichen Körper – nicht ständig befriedigt sind. Dabei geht es laut Kristeva nicht um den physischen mütterlichen Körper, von dem das Semiotische ausgeht, sondern vielmehr um die Beziehung zwischen einem bedürfnisbefriedigenden Sein des Mutterobjektes und dem Kind: »Die Semiotik steht in Abhängigkeit zu einer ganz besonderen Beziehung zwischen dem Kind, das noch nicht spricht, sondern lediglich echot und Rhythmus und Intonation nachahmt, weshalb man es auch infants nennt, was wörtlich ›nicht sprechend‹ bedeutet und seiner Erzeugerin, die es hält, beruhigt und sein Überleben sichert. In dieser Mutter-Kind-Dyade gibt es noch kein Subjekt und kein Objekt.«[29]

Das Symbolische ist das, was das Kind mithilfe der Sprache zum Subjekt werden und in die Sozietät eintreten lässt. Durch das Sprachliche wird die Identität hergestellt, die körperliche Abtrennung vollzogen. Das Zeichenhafte überlagert die *chora* und das Kind konstituiert sich als Subjekt und nimmt andere als Objekte wahr. Nach Kristeva muss der mütterliche Körper ständig verworfen werden, um diesen Subjektstatus zu erhalten. Wenn also Sprache Eintritt in die symbolische Ordnung meint, dann kann das Nicht-Sprechen eine Verweigerung dieser Ordnung bedeuten. Die Sprache bringt nach Kristeva die Auflösung der Mutter-Kind-Dyade mit sich, die im Falle der Berg-Werke als ideales Zuhause für die Protagonistinnen gezeichnet wird.

Kristevas unkritischer Umgang mit psychoanalytischen Ansätzen ist gerade aus feministischer Sicht problematisch.[30] Beispielsweise ist die Gleichsetzung mit dem Mütterlichen, dem Semiotischen und dem Weiblichen nicht kommentarlos hinzunehmen.[31] Die symbolische Ordnung, die hegemoniale Machtstrukturen widerspiegelt, kann laut Kristeva von Frauen nicht vollständig erschlossen werden. Um negative Konsequenzen zu vermeiden, sollen Frauen das »ihnen diskursiv zugewiesene Schweigen«[32] nicht ignorieren.

Dem kommen Bergs Protagonistinnen nach, indem sie das Reden als »Geste der Hilflosigkeit« (EG, S. 291) verneinen. Kommunikation hat für die Erzählerinnen keinen Mehrwert. Die symbolische Ordnung der Welt bezeichnet die jungen Körper als Idealbild – die »Heldin« in »Ende gut« kann und möchte kein Teil davon sein. Die apokalyptische Welt kann als symbolische Ordnung sowieso nicht mehr funktionieren und so grenzt sich die Ich-Erzählerin von ihr ab, indem sie sich in eine »Mutter-Kind-Dyade« mit dem Mann flüchtet. Sie lebt in einem vorsymbolischen Stadium und kann so ihr Leiden am eigenen Körper mindern, da sich in diesem Stadium die Körperunterschiedenheit (noch) nicht gebildet hat.

Diese Beziehung hat auf die »Heldin« eine narkoleptische Wirkung. Innerhalb der chaotischen Welt baut sich die alternde und somit zunehmend unsichtbare Protagonistin ihre eigene *chora*, in die sie sich zurückziehen kann. Denn »eigentlich wollen wir zurück in die Zeit, als wir eins mit der Mutter waren« (EG, S. 112), konstatiert die Erzählerin schon, bevor sie den Mann trifft.

Diese Regression gleicht also einer umgekehrten »Initiationsreise«.[33] Landau ist insofern zuzustimmen, als die »Heldin« »zu einem neuen Selbst gelangt«. Dieses Selbst ist jedoch ein kindlich regressives. Sie zieht sich zurück, anstatt sich dem Leiden (am Körper) mutig entgegenzustellen und der (medialen) Sprache über den Körper etwas entgegenzusetzen. Ihre Suche nach einer Lebensnische endet also wortwörtlich in einer Nische. Die Suizidhelferin ist aufgebrochen, nicht, um ein neues Leben zu finden, sondern einen »Ort für die letzte Ruhe« (EG, S. 324). Geburt und Tod, Säuglings- und Greisenalter werden parallel geführt. Der Umgang mit dem Alter(n) wurde von der Protagonistin nicht gelernt, weil die symbolische Sphäre den jungen Körper verehrt. Die Frau kehrt schon in der Mitte ihres Lebens zurück beziehungsweise vor, zum kindlichen Stadium, um das Alter(n) ausblenden zu können.

Die symbolische Gefahr

Auch die Protagonistin in »Der Mann schläft« negiert die Sprache. »Der Mann« bekommt von der Ich-Erzählerin absichtlich keinen Namen: »Ich nannte ihn nur ›der Mann‹, damit er nicht verschwinden würde, da sich doch meist alles, dem man einen Namen gibt, entfernt.« (DMS, S. 10) Diese Aussage lässt sich auch auf den kindlichen Entwicklungsprozess nach Kristeva beziehen, in dem das Benennen der Eintritt in die symbolische Ordnung ist. Die Protagonistin merkt jedoch an: »Ich habe nie darum gebeten, geboren zu werden.« (DMS, S. 104) Sie möchte, bevor sie den Mann traf »wieder in Ruhe (…) liegen«, und wollte nie »LEBENDIG« sein (DMS, S. 104). Folgerichtig wäre das Sprechen mit der Angst verbunden, die schützende *chora* zu verlieren (vgl. DMS, S. 138). Ihr Ziel, in der vorsymbolischen *chora* zu verharren, kann sie mithilfe des Mannes erreichen: Sie kann sich »unter sein Hemd, der Ort, an dem mir nichts passieren kann« (DMS, S. 208), verkriechen. Mehr noch: »und ich löste mich auf, kroch in ihn, war nicht mehr außer Atem und Geborgensein.« (DMS, S. 201) Das Auflösen der Identität bedeutet ein Nicht-Sein in der Welt, ein Noch-Nicht-Geboren-Sein, also ein vorgeburtlicher, toter Zustand, in dem die Umwelt ausgeblendet werden kann (DMS, S. 191). Mithilfe des Mannes kann die Protagonistin ihren körperlichen Verfall akzeptieren, einfach weil er nicht mehr wichtig ist. Somit kann der Mann als Wendepunkt bezüglich der Altersvorstellung interpretiert werden. Durch das Gefühl des Nicht-Alleinseins stellt das Schönheitsideal des jungen Körpers keine Gefahr mehr dar (vgl. DMS, S. 184 f.) Umso größer ist ihre Angst vor dem Alter(n), wenn sie sich vorstellt, dass der Mann weg wäre: »Ich würde vermutlich wie die meisten Europäer in einer Anstalt verenden, mit kleinen, nicht vorhandenen Gnomen redend und in meiner Ausscheidung schwimmend, die ich als angenehm warm und tröstlich empfände.« (DMS, S. 230) Hier wird deutlich, dass die eigenen Körperausscheidungen die Funktion einnehmen müssten, die vorher der Mann hatte. Die abjekten Körpersekrete, die nach Kristeva mit dem mütterlichen Körper in Verbindung zu bringen sind,[34] stehen hier als Platzhalter für den Mann, der bisher den mütterlichen Leib widerspiegelte. Auch hier wird wieder die Parallelität von Geburt und Tod deutlich. Sowohl die Welt, der »Hort der Gefahren« (DMS, S. 253), als auch der eigene alternde Körper können durch die symbiotische Beziehung mit dem Mann ausgeblendet werden. Glück bedeutet für die Erzählerin, »in einer wesenlosen Form« zu sein, sich selbst nicht zu hören und zu fühlen (DMS, S. 253). Durch die mütterliche Pflege des Mannes kann sie verschwinden und sich selbst vergessen (DMS, S. 232). Die Herstellung ihres persönlichen »Glücks« erzeugt einen Zustand des vorgeburtlichen Tot-Seins, indem sie ihre Körperfunktionen und damit ihre Identität aufgibt: »Mein Lieblingsplatz war unter dem Hemd des Mannes, nicht sehen, nichts denken müssen, meine Füße auf seinen, er läuft und ich laufe mit.« (DMS, S. 145)

Ersatzbefriedigung

Als der Mann verschwindet, wird die Protagonistin alkoholabhängig. Durch diese orale und somit regressive[35] Ersatzbefriedigung schafft sie es, ihren Körper wieder zu vergessen. Falls er präsent ist, spricht sie von ihm in der dritten Person: »Der Körper wird betrunken, und der Herzschlag beruhigt sich.« (DMS, S. 68). Da sie ihr Körpererleben mit dem Mann vergessen konnte, kann sie ihren Körper jetzt nicht mehr als ihren eigenen akzeptieren; ihr Alterungsprozess drängt sich wieder in ihr Bewusstsein: »Mein Körper ist frei von jeder Energie und bereitet sich darauf vor, der Körper einer alten Frau zu werden. (…) Die Hände scheinen bereits einer mir fremden Person zu gehören.« (DMS, S. 93) Da die schützende *chora* verschwunden ist, ist sie wieder mit ihrem Körper allein, hat jedoch nicht gelernt, mit ihm umzugehen. So ist Alkohol ihre neue Eskapismusstrategie. Er kreiert eine neue warme Blase, in der sie nicht mehr existiert: »Mich gibt es nicht mehr. Wie schön das ist.« (DMS, S. 233) Die Protagonistin fühlt sich »gefangen« in ihrem »verwelkenden Körper« (DMS, S. 234) und möchte sich auflösen. Da der Mann als *chora* nicht mehr zur Verfügung steht, um die Grenzen zwischen innen und außen verschwimmen zu lassen, versucht sie ihren Körper und somit ihre Identität mit Alkoholabusus und Einverleibungsphantasien auszulöschen: »Seit zwei Stunden liege ich auf dem Bett und sehe in einen Schlingpflanzenbaum, der langsam immer näher rückt, gleich wird er sich über mein Gebein hermachen, wird mich umschlingen und einverleiben.« (DMS, S. 221)

Schläft der Mann am Ende gut?

Beide Protagonistinnen leiden unter dem soziokulturell vermittelten Schönheitsideal eines jungen Frauenkörpers. Da dieses Ideal über die symbolische Sphäre der Sprache hergestellt wird, können die stummen namenlosen Männer als idealer Rückzugsort dienen, um dem patriarchalen Reden über den Körper zu entkommen. Mehr noch: Sie dienen als *chora*-Ersatz, um in einem vorgeburtlichen Stadium den Körper vergessen zu können. Die Romane schreiben die weiblich konnotierte *chora* einem männlichen Körper zu. So wird das Semiotische als männlich lesbar und kann als subversives Moment innerhalb Kristevas dichotomer Theorie interpretiert werden.

Die Protagonistinnen, die keinen Umgang mit dem Alter(n) gelernt haben und sich auch keinen Widerstand gegen die symbolische Ordnung vorstellen können, flüchten in eine heteronormative Paarbeziehung, die Stagnation bedeutet. Und so kann ihnen – ähnlich der Kritik an Kristeva – vorgeworfen werden, dass sie nicht an einer grundlegenden Veränderung der Gesellschaft interessiert sind. Die Frauen ziehen sich wieder in das Private zurück, um dem öffentlichen Diskurs über das Alter(n) zu entkommen. Eskapismus wird der Selbstliebe vorgezogen und die hegemonialen Körpervorstellungen werden mit regressivem Verhalten beantwortet.

Sibylle Berg führt hier die wortwörtliche Regression vor, die ein mutiges erwachsenes Entgegentreten der Probleme ausschließt. Die stummen Menschen scheinen dabei gut zu schlafen.

---

1 http://www.diegrosseregression.de/ (zuletzt geprüft am 22.1.2019). — 2 Sibylle Berg: »Ende gut«, 3. Aufl., Reinbek 2007 (2004); im Folgenden mit EG abgekürzt. — 3 Sibylle Berg: »Der Mann schläft«, 2. Aufl., München 2011 (2009); im Folgenden mit DMS abgekürzt. — 4 Anett Krause / Arnd Beise: »Am Rand des Populären. Eine Positionsbestimmung«, in: Dies. (Hg.): »Sibylle Berg. Romane. Dramen. Kolumnen und Reportagen«, Frankfurt/M. 2017, S. 7–16, hier S. 9. — 5 Judith Wittwer: »›Die Familie ist nur eine vermeintliche Idylle‹. Die Kleinfamilie zerbreche an den Herausforderungen des Alltags: Für Politikwissenschaftlerin Mariam Irene Tazi-Preve braucht es neue Modelle«, 2017, https://www.tagesanzeiger.ch/leben/gesellschaft/Die-Familie-ist-nur-eine-vermeintliche-Idylle/story/10497363 (zuletzt geprüft am 22.1.2019). — 6 Vgl. Matthias Schaffrick: »»Fragen Sie Frau Sibylle«. Wozu Dichter in dürftiger Zeit? Zur Aushandlung des Politischen bei Sibylle Berg«, in: Krause / Beise (Hg.): »Sibylle Berg«, a. a. O., S. 39–54. — 7 Solange Landau: »Im Angesicht des Untergangs: Krisen des Individuums im deutschsprachigen (Post)Desaster-Roman«, in: »Germanica« 55 (2014), S. 97–110, S. 102. — 8 Dietmar Jacobsen: »Leben mit einem Mann ohne Eigenschaften. Sibylle Bergs neuer Roman ›Der Mann schläft‹ will nicht so recht zu ihrem bisherigen Werk passen«, 21.11.2016, http://literaturkritik.de/id/13401 (zuletzt geprüft am 22.1.2019). — 9 Vgl. Sunhild Galter: »Der Andere als notwendiges Gegenüber im Roman ›Der Mann schläft‹ von Sibylle Berg«, 2014, http://uniblaga.eu/wp-content/uploads/2016/03/36.1.6.pdf (zuletzt geprüft am 22.1.2019), S. 100. —

10 Zur Normalität im Berg-Werk vgl. Jürgen Link: »(Nicht) normale Lebensläufe, (nicht) normale Fahrten: Das Beispiel des experimentellen Romans von Sibylle Berg«, in: Ute Gerhard / Walter Grünzweig / Jürgen Link u. a. (Hg.): »(Nicht) normale Fahrten. Faszinationen eines modernen Narrationstyps«, Heidelberg 2003, S. 21–36. — **11** Vgl. Annette Barkhaus / Anne Fleig: »Körperdimensionen oder die unmögliche Rede von Unverfügbarem«, in: Dies. (Hg.): »Grenzverläufe. Der Körper als Schnitt-Stelle«, München 2002, S. 9–23, hier S. 15; Paula-Irene Villa: »Einleitung – Wider die Rede vom Äußerlichen«, in: Dies. (Hg.): »schön normal. Manipulationen am Körper als Technologien des Selbst«, Bielefeld 2008, S. 7–20, hier S. 12; in Bezug zu »Ende gut« vgl. Rolf Parr: »Montröse Körper und Schwellenfiguren als Faszinations- und Narrationstypen ästhetischen Differenzgewinns«, in: Achim Geisenhanslüke / Georg Mein (Hg.): »Monströse Ordnungen. Zur Typologie und Ästhetik des Anormalen«, Bielefeld 2009, S. 19–42. — **12** Robert Gugutzer: »Soziologie des Körpers«, Bielefeld 2004, S. 34. — **13** Barkhaus / Fleig (Hg.): »Körperdimensionen«, a. a. O., S. 11. — **14** Ebd. — **15** Ebd. — **16** Susan Sontag: »The Double Standard of Aging«, in: »The Saturday Review« (1972), S. 29–38. — **17** Cornelia Helfferich: »Alter vollendet Männlichkeit und tilgt Weiblichkeit. Sozialtheoretische Betrachtungen zur Überlagerung von Geschlechter- und Altershierarchie«, in: Tina Denninger / Lea Schütze (Hg.): »Alter(n) und Geschlecht. Neuverhandlungen eines sozialen Zusammenhangs«, Münster 2017, S. 90–106; Silke van Dyk: »Zur Interdependenz und Analyse von Alter(n) und Geschlecht. Theoretische Erkundungen und zeitdiagnostische Überlegungen«, ebd., S. 24–50. — **18** Roberta Maierhofer: »Salty Old Women. Frauen, Altern und Identität in der amerikanischen Literatur«, Essen 2003, S. 255. — **19** »Der Fortbestand der Erde hängt von gescheiterten alten Säufern, Schnupfern, Fressern ab, von Männern, die Bruchbänder tragen und sich die Haare über die Glatze kämmen, die vermutlich aus dem Mund riechen und natürlich Freier sind.« (EG, S. 122) »So etwas (Frauen) vergewaltigt man gerne und bringt es um (…). Nur zu, (…) bezahlt uns schlechter, wir sind es so gewohnt. (…) Einige Forscher versuchen zur Zeit, Menschenaffen die Bürgerrechte zu geben – die ständen dann in der Hierarchie über den Frauen. Und wir würden es verstehen und erklären, hätten Mitleid mit den Affen. Scheißdreck.« (EG, S. 74 f.) Vgl. dazu auch DMS, S. 127. — **20** Vgl. Maierhofer: »Salty Old Woman«, a. a. O., S. 256 ff. — **21** Benigna Gerisch: »Keramos Anthropos. Psychoanalytische Betrachtungen und dessen Störungen«, in: Johann S. Ach / Arnd Pollmann (Hg.): »no body is perfect. Baumaßnahmen am menschlichen Körper. Bioethische und ästhetische Aufrisse«, Bielefeld 2006, S. 131–162, hier S. 137. — **22** Gugutzer: »Soziologie des Körpers«, a. a. O., S. 37. — **23** Vgl. Winfried Menninghaus: »Ekel. Theorie und Geschichte einer starken Empfindung«, Frankfurt/M. 1999. — **24** Van Dyk: »Zur Interdependenz«, a. a. O., S. 28. — **25** Zu Bergs Liebespoetik vgl. Katja Kauer: »Emotionaler Kapitalismus. Bergs soziologische Poetik spätmoderner Geschlechterverhältnisse«, in: Krause / Beise (Hg.): »Sibylle Berg«, a. a. O., S. 177–194. — **26** Vgl. Ansätze aus der Psychoanalyse: Christa Rohde-Dachser: »Todestrieb, Gottesvorstellungen und der Wunsch nach Unsterblichkeit in der Bi-Logik Matte-Blancos. Psychoanalytische Überlegungen«, in: »Psyche« 63 (2009), S. 973–998. — **27** Diese Begrifflichkeit ist aus Platons Timaios-Dialog entnommen. Vgl. Julia Kristeva: »Powers of Horror. An Essay on Abjection«, New York 1982, S. 14; Kathrin Busch: »Topographien der Heimsuchung«, in: Thomas Bedorf / Gerhard Unterthurner (Hg.): »Zugänge Ausgänge Übergänge. Konstitutionsformen des sozialen Raums«, Würzburg 2009, S. 41–54, hier 49 ff. — **28** Julia Kristeva: »Die Revolution der poetischen Sprache«, Frankfurt/M. 1978. — **29** François Caillat: »Julia Kristeva: Seltsame Fremde / étrange étrangère« (2012) Film ARTE. — **30** Vgl. z. B. Franziska Frei Gerlach: »Schrift und Geschlecht. Feministische Entwürfe und Lektüren von Marlen Haushofer, Ingeborg Bachmann und Anne Duden«, Berlin 1998; Judith Butler: »Das Unbehagen der Geschlechter«, Frankfurt/M. 1991. — **31** Frei Gerlach: »Schrift und Geschlecht«, a. a. O., S. 103. — **32** Ebd., S. 106. — **33** Landau: »Im Angesicht«, a. a. O., S. 102. — **34** Kristeva: »Powers of Horror«, a. a. O. — **35** Alkoholsucht wird aus psychodynamischer Sicht als solche interpretiert. Vgl. Hans-Jürgen Möller / Gerd Laux / Arno Deister: »Psychiatrie und Psychotherapie«, 3. Aufl., Stuttgart 2001, S. 317.

Rolf Parr

Macht, Körper, Gewalt

Sibylle Bergs Roman-Figuren zwischen Normalität, Hypernormalität
und Monstrosität

»(Ich, 33. Normal schlechte Kindheit,
normal aussehend, normal alleine,
normal übersättigt. Ein ganz normales Arschloch)«[1]

1 Normalistische Gesellschaften, normalistische Individuen

Die Körper vieler Figuren in den Romanen Sibylle Bergs unterliegen Macht-
und Gewaltszenarien. Aber welche Art von Macht wird da auf welche Art
von Körper ausgeübt und von wem? Es ist eine subtile Art von gesellschaftlich ausgeübter ›Macht ohne Gesicht‹. Sie gründet nicht in erster Linie auf
physischer Gewalt von außen, auch nicht sexueller, sondern resultiert aus
dem verinnerlichten sozialen und damit zugleich psychischen Druck, normal oder vielleicht sogar ein klein wenig mehr als nur normal sein zu wollen, auf keinen Fall aber nicht-normal. Dem entspricht eine normalistische
und bisweilen auch darüber hinausgehende, auf Selbstüberbietung hin angelegte Subjektivität, wie sie für moderne (Leistungs-)Gesellschaften typisch
ist und wie Jürgen Link sie in seiner großen Studie »Versuch über den Normalismus. Wie Normalität produziert wird«[2] in ihrer historischen Genese
und ihrem aktual-historischen Funktionieren systematisch analysiert und
beschrieben hat.

Demnach lassen sich moderne Gesellschaften, wie diejenigen, in denen
wir leben, als flexibel-normalistisch charakterisieren, was Wissenschaftler in
den letzten Jahren von verschiedensten theoretischen Orten aus immer wieder konstatiert haben. Im Gegensatz zu Normen, die stets vor den konkre-
ten einzelnen Fällen festgelegt werden (›Du darfst nicht lügen‹), wird Normalität stets im Nachhinein verhandelt, und zwar immer wieder neu und
flexibel (Beispiel: ›Es gibt auch Notlügen, die tolerierbar sind‹). Das ge-
schieht auf Basis einer Reihe von Fällen, die miteinander vernetzt sind und
so ein Feld von Positionen bilden, in dem es Zonen der beruhigenden Normalität der ›Mitte‹ gibt, Zonen der Überfüllung ›nach oben‹ und Zonen der
Unterfüllung ›nach unten‹. An solchen gesellschaftlichen Normalfeldern
gleichen sich die Individuen immer wieder neu in ihrem Verhalten ab, so-

dass ihr Leben einem Kurvenverlauf zwischen den Zonen von Über- und Untererfüllung gleicht und manchmal eben auch Ausreißer über deren Grenzen hinaus aufweist.

In solchen Prozessen der Selbstverortung von Individuen kann Normalität ebenso unerträglich wie attraktiv sein. Denn hinsichtlich dieses oder jenes Kriteriums ›normal‹ zu sein, kann einerseits bequem sein, einen beruhigen, ja geradezu seiner Normalität ver-sichern: »Nichts schafft nämlich so schnell Akzeptanz wie Normalität«,[3] während es auf Dauer schwer sein kann, eine Position der Anormalität (sei es nach ›oben‹, sei es nach ›unten‹) durchzuhalten. Das aber hieße, sich einem gesellschaftlichen Druck auszusetzen, der bisweilen unerträglich sein kann. Auf genau diese Weise übt das nicht unbedingt explizit artikulierte Normalitätsgebot moderner Gesellschaften in kaum zu unterschätzendem Umfang Macht aus. Andererseits ist auf Dauer aber auch nichts so langweilig, wie einfach nur ›normal‹ zu sein, was schnell zum Wunsch nach Ausbruch aus der Normalität und über sie hinaus führen kann.

2 Normalismus literarisch erzählen

Wenn es nun so ist, dass sich moderne normalistische Subjektivitäten ständig auf so etwas wie inneren Bildschirmen in ihrem eigenen Verhalten beobachten, sich also gleichsam »selber transparent machen«,[4] dann kommen die dazu nötigen Angebote zum normalistischen Selbstabgleich vor allem aus Print- und AV-Medien, nicht zuletzt aber auch aus der Literatur. Denn wenn wir in den verschiedensten Lebensbereichen und den verschiedensten politisch-gesellschaftlichen Zusammenhängen ständig mit der Frage nach Normalität zu tun haben und damit zugleich auch ständig Angebote gemacht bekommen, uns selbst normalistisch zu verorten und bei Bedarf zu normalisieren, dann ist es sicherlich der weite Sektor der Medien (einschließlich Literatur), der dabei eine besondere Rolle spielt, von den Zeitungen und Zeitschriften über das Werbefernsehen bis hin zu Spielshows und Spielfilmen, die wir im Kino oder Fernsehen sehen. Dabei geht es gerade in fiktionalen Genres nicht nur um die beruhigende Form der Selbstnormalisierung, die uns versichert, dass wir mit dieser oder jener Einstellung, diesem oder jenem Wert, dieser oder jener Gewohnheit völlig normal sind, sondern auch darum, Grenzen der Normalität einmal lustvoll und – da es ja *nur* um Literatur und Filme geht – völlig ungefährlich zu überschreiten.

An diesem Denkmodell flexibler Normalität sind auch eine ganze Reihe von Sibylle Bergs Erzähltexten orientiert, wenn auch durchaus verschieden in der jeweiligen Akzentuierung. Ihr Romanwerk deckt thematisch nahezu sämtliche Positionen der normalistischen Matrix von flexibel-normalistisch bis hin zur geradezu programmatisch vorgetragenen hypernormalistischen Über- und Unterbietung des Normalspektrums ab. Typisch für die Machart ihrer Texte sind dabei zum einen Wiederholungsstrukturen, die es ermöglichen, ›noch einmal von vorn anzufangen‹ beziehungsweise ›ein anderes Leben anzufangen‹, zum anderen eine Vielzahl von parallel angeordneten Figuren, die es erlauben, eine Vielzahl von Fällen durchzuspielen und so ein Feld von Positionen zu schaffen, die sich über ein Normalfeld verteilen. Das ist etwa der Fall in »Ein paar Leute suchen das Glück und lachen sich tot« (1997),[5] »Sex II« (1998)[6] und »Amerika« (1999),[7] allesamt Texte, deren Figuren »durch hohe Schematik und computerspielähnliche, rasche kombinatorische Interaktionen geradezu paradigmatisch die Kategorie der atomisierten Normal-Monade« repräsentieren,[8] wobei der größte Teil der Figuren »die Normalitätsgrenze in Richtung Anormalität« übertritt, ohne wieder zurückgelangen zu können.[9]

2.1 »Amerika«

Ein besonders komplexes literarisches Beispiel für die Kombination von Wiederholung mit einem Feld von Figuren bietet »Amerika« (1999).[10] Im ersten Teil des Romans haben zwei Figuren das Ziel, der Langeweile ihres Normal-Alltags in Richtung Hypernormalität zu entfliehen; dabei mutieren sie jedoch zu monströsen Körpern, sodass ihr Leben auf grausam enttäuschende Weise statt in Hypernormalität in Untererfüllung umkippt.[11]

Raul, der für ein »normales Leben«[12] viel zu schöne Callboy, hat mit seinem Äußeren zwar ungeahnte Wirkung auf alle Mitmenschen, über die er durch seine außergewöhnliche Attraktivität regelrecht Macht ausübt, jedoch bewahrt ihn das nicht vor Minderwertigkeitskomplexen und vor allem nicht vor dem Gefühl, nur seiner schönen Hülle wegen geliebt zu werden. Zudem ist er in die ›normal-attraktive‹ Kellnerin Anna verliebt. Sein sehnlichster Wunsch: »Gott laß mich doch bitte reich sein und Anna haben, ich gebe dir alles, was ich habe, einen Arm, ich gebe dir sogar meinen Schwanz dafür, hörst du mich, Gott?«[13]

Bert, die zweite Figur, leidet hingegen unter ihrer völligen Durchschnittlichkeit, die sie nicht einmal für eine Ästhetik des Schrecklichen infrage kommen lässt. Bert »ist nicht groß, hat einen gedrungenen Leib, über dem eine grüne Kordhose und einen Parka, er hat ein Gesicht, das nicht schön ist, aber nicht hässlich genug, als dass er sich durch das auszeichnen könnte. Die Augen treten ein wenig hervor, als wollten sie Bert fliehen, die Konturen verlaufen, die ganze Erscheinung ist so durchschnittlich, es ist das einzige, was sie hervorhebt, die umfassende Durchschnittlichkeit, fast Karikatur ihrer selbst.«[14] Kurz: Bert ist gerade in seiner Durchschnittlichkeit der »hässlichste Mensch der Welt«.[15] Beim ziellosen nächtlichen Herumirren zufällig in eine Kirche gelangt, hat auch er einen Wunsch: »Gott, bitte, mach mich bitte schön, Gott, auf daß ich zu leben beginnen kann.«[16] Von da an spart er für eine Schönheits-OP des Gesichts. Die mit der OP angestrebte Schönheit kippt aber in ihr Gegenteil, nämlich Mindernormalität um, denn Bert wird mit einem transsexuellen Patienten verwechselt und an ihm wird eine Geschlechtsumwandlung durchgeführt. Aus Bert wird ein monströser Körper zwischen den Ordnungen der Geschlechter, »eine hässliche Frau«,[17] die keine ist. Selbst als solch ein monströser Körper ist Bert damit wieder Durchschnitt, was ihn zugleich aus allen Vorstellungen von Hypernormalität wie auch beruhigender Normalität ein für alle Mal herausfallen lässt.

Der zweite Teil des Romans spielt dann in Amerika als dem imaginären Ort, an dem Wünsche in Erfüllung gehen können. Alle Figuren des ersten Teils erleben dort in einer Art Als-ob-Simulation, wie es wäre, wenn sich die jeweiligen Idealvorstellungen erfüllt hätten. Im Falle von Raul entpuppt sich der an Gott herangetragene Wunsch nach Reichtum plus Schönheit im Rückblick als Teufelspakt, denn auch für ihn kippt die angestrebte Hypernormalität – die darin liegt, exzeptionell reich *und* exzeptionell schön zu sein *und* zugleich nicht um dieser Äußerlichkeit Willen geliebt zu werden – in Mindernormalität und Monstrosität um: Am Ende des Romans wird er als reicher Mann in Amerika gezeigt, der sich nun seinerseits einen schönen Callboy kommen lässt. Nicht, weil er es sich jetzt leisten kann oder der Frauen inzwischen überdrüssig geworden wäre, sondern weil Gott ihm seinen Wunsch erfüllt hat, und zwar um genau jenen Preis, den er als Einsatz angeboten hatte, den Verlust seines Geschlechtsteils. An dessen Stelle befindet sich nun ein »kleine(s), traurig aussehende(s)«[18] weibliches Geschlecht. Auch Berts Wunsch ist im zweiten Teil in Erfüllung gegangen. Er ist zwar so unglaublich schön geworden wie im ersten Teil des Romans Raul, doch korreliert damit das Dasein als Callboy. Beide Male entstehen Machtverhältnisse also auf dem Weg über Körperlichkeit.

Der Risikoeinsatz im Enhancement um körperliche Hypernormalität scheint also die Sub-Normalität des Monströsen zu sein, sodass man es mit dem zu tun hat, was Johann S. Ach und Arnd Pollmann als »Dialektik der Selbstvervollkommnung« bezeichnet haben, bei der das »menschliche Streben nach Selbstperfektion« durch Sport, Hungern, Operation oder Medikamentierung permanent »in Selbstzerstörung«[19] umzukippen droht: Die »soziale und kulturelle Aufwertung des Körpers« geht einher mit der »Auflösung seiner Materialität«,[20] wobei die äußerlich sichtbaren Zeichen dieses Prozesses häufig als Monströsität rezipiert werden.

2.2 Von »Ende gut« über »Die Fahrt« zu »Der Mann schläft«

Die Aufmerksamkeit, die in Szenarien des ›Mehr-als-normal-sein-Wollens‹ auf den eigenen Körper gerichtet wird, hat Berg in einer kurzen Passage ihres Romans »Ende gut« (2004), in dem sie Mediendiskurse auf engstem Raum größtmöglich zu verdichten und in ihrer Wirkung zu intensivieren sucht, sehr genau diagnostiziert: »Die 80er Jahre mit dieser fast rührenden Anbetung des Geldes waren harmlos gewesen im Vergleich zu den 90ern, dem Jahrzehnt der komplett verblödeten Jugend (…). Weil die Bevölkerung der westlichen Welt hoffnungslos überaltert war, wurde Jugend als luxuriöse Qualität verehrt. (…) Das Jahrzehnt hatte den Körper zum heiligen Dings erklärt, gerade weil keiner mehr Körper brauchte, Männer keine Muskeln mehr benötigten, denn der neue Mittelstand, das neue Mittelmaß, die geistige Elite, hockte vor Computern, während ihre Frauen jung und straff sein mussten, und so waren die 90er auch das Jahrzehnt der Schönheitschirurgie, der Hülle, der Leere.«[21]

Das hier verwendete »jung und straff sein mussten« zielt auf die flexibel-normalistische Funktionsweise des Jugendlichkeitsgebots ab. Wir haben es nicht mehr mit einem normativ-juridischen Gebot, sondern einer auf übernormale Selbstanpassung zielenden Maßgabe zu tun, die vor allem auch durch Fernsehserien wie »Alles ist möglich« (RTL), »Die Beautyklinik« (RTL II), »Beautyqueen« (RTL), »I want a famous face« (MTV) und »The Swan« (ProSieben) reproduziert wurde (und weiterhin wird), und zwar genau in den Jahren, in denen die einschlägigen Texte von Berg entstanden. Von daher verwundert es nicht, dass die zitierte Passage im Roman zur Gruppe der O-Töne (man könnte auch sagen: der Mediendiskurse) gehört.[22] Dieses Jugendlichkeits- und damit Körperoptimierungsgebot hat Berg in »Ende gut« prägnant analysiert: »Die Frauen im Restaurant sind Frauendarsteller. (…) Athletische Körper – gut, um Nachwuchs zu zeugen, wird trainiert und chirurgisch hergestellt. Rosige Wangen, gesunde Zähne, volles Haar – gut, um Nachwuchs zu zeugen, wird kosmetisch hergestellt. (…) / Alles eine Frage der Biologie, der ganze Quark, keinen Schritt weiter als in der Steinzeit sind wir, und die Damen lassen operieren und quälen sich, die Männer lassen operieren und quälen sich, alle warten auf den einen, die eine, doch Männer kommen nur noch zu Verabredungen mit Models. (…) Ob Mitte 30 oder Ende 40, darauf kommt es nicht an. Es gibt nur sehr jung oder geliftet.«[23] Das Normalfeld mit seinen vielen abgestuften Möglichkeiten der (Selbst-)Positionierung ist hier auf zwei polare Möglichkeiten geschrumpft.

Eine ähnliche Reduktion des Spektrums möglichen Verhaltens betrifft auch die Vielzahl der in »Ende gut« geradezu aufgelisteten Katastrophen, für die »sich ein Gewöhnungseffekt« einstellt, »der letztlich nicht eine Rückkehr zur politischen und sozialen Normalität, sondern eine Normalisierung der Ausnahme impliziert«.[24] Die A-Normalität der Ausnahme wird gleichsam in die Bandbreite der Normalität hinein gefloatet. Wird das A-Normale normal, so das vermeintlich Normale a-normal, zum Beispiel das gerade bei Berg gänzlich unerwartete Happy End, das nur mit Blick auf dessen A-Normalität Sinn macht. Auch der Roman »Die Fahrt« (2007)[25] nutzt eine kleinteilige Struktur, diesmal mit grundierendem Roadmovie-Charakter, wobei die einzelnen Episoden nicht an eine streng lineare Handlung gebunden sind, sondern wiederum eher Einzelfälle darstellen, die insgesamt ein normalistisches Feld bilden.

In »Der Mann schläft« (2009)[26] schließlich tritt an die Stelle vieler Personenfälle das Zusammenspiel zweier Zeitachsen, auf denen in kleinteiligen Schnitten zeitlich aufeinander zulaufend erzählt wird, was ebenfalls zum Effekt einer ganzen Reihe von Einzelerlebnissen und -erfahrungen führt, die auch hier ein Normalfeld bilden, in dem diesmal aber trotz aller weiterhin durchgespielten De-Normalisierungen fast schon die beruhigend-bequeme, wenn auch tendenziell langweilige Position des unaufgeregten Sich-Arrangierens mit der Mittelmäßigkeit der Normalität favorisiert wird. Man kann das bis 2009 als eine Entwicklungslinie des Bedingungsdreiecks von Macht, Gewalt und Normalität in den Texten Bergs ansehen, ausgehend von der verfehlten Hypernormalität hin zur Normalität, vom ›Thrill‹ der Normalitätsdurchbrechung hin zum Arrangement mit und in der Normalität.

2.3 »Vielen Dank für das Leben«

Mit »Vielen Dank für das Leben« (2012) kehrt ein in mancher Hinsicht durchaus monströser nicht-normaler Körper, der gleich vielfachen Formen der Macht – beginnend im DDR-Kinderheim – ausgesetzt ist, auf Bergs literarische Bühne zurück. Dass man es auch hier mit Fragen der Normalität zu tun hat, macht gleich die erste Seite deutlich, lässt doch die Beschwörung des Normalen schon ahnen, dass es im Folgenden eher um Nicht-Normales gehen wird: »Normalerweise lag in dieser Jahreszeit ein Duft von blühenden Akazien über dem sozialistischen Teil des nordeuropäischen Landes./ Neunzehnhundertsechsundsechzig roch nach nichts./ (…) Die Welt war damals klein und nicht sehr beängstigend, sie war überschaubar und reichte bis zur Stadtgrenze. Es war das Leben vor dem Internet und den Medien, es gab nur die Tageszeitung, und Journalisten trugen zerknitterte Anzüge.«[27] Kein Wunder, dass auch die Behörden auf Normalität hin ausgerichtet sind, in der sie sich mit ihrem Handeln rückversichern. Als Schwierigkeiten deutlich werden, dem offensichtlich körperbehinderten Kind ein Geschlecht zuzuweisen, entscheidet sich die Mutter mit dem Namen »Toto« für männlich: »Sofort beruhigte sich die Staatsdienerin. Ihr Gesicht nahm eine normale Färbung an, die Ordnung war hergestellt, die Anmeldung vollzogen, das Baby offiziell ein Mensch.«[28] Die Normalität des Verwaltungsaktes trügt jedoch, denn Toto ist alles andere als ein normales Baby: »Wie es schaute. Und wenn es doch wenigstens schreien wollte. War es verblödet? Normale Kinder schreien doch und fuchteln mit den Armen, und das hier, das lag da und betrachtete ruhig seine Hand, es sah diese Hand an, als ahnte es, dass da keiner war, dem er sie hätte zeigen können.«[29] Auch der/die/das jugendliche und schließlich erwachsene Toto wird sein Dasein als eine (nicht) normale Lebensfahrt erfahren, bei der der singuläre ›Nicht-Normale‹ immer wieder der Gewalt der Menge der ›Normalen‹ ausgesetzt ist.

Nahezu durchgängig wird in allen nachfolgenden Kapiteln auf die eine oder andere Art und Weise von dieser A-Normalität erzählt. Von daher ist es nur ein Teilaspekt des Denkmodells ›flexibler Normalismus‹ mit seiner breiten Mitte der Normalität und den schmaleren Bereichen der Über- und Untererfüllung, der ständigen Selbstbeobachtung und Neu-Adjustierung, den Berg in diesem Roman thematisiert. Denn fokussiert wird hier stets die A-Normalität, die Unterdurchschnittlichkeit und das Nicht-Erfüllen von normalistischen Vorgaben, die »Verformung«: »Fast jedes System schätzt Bürger, die über eine normale Intelligenz verfügen. Verformungen über oder unter dem Durchschnitt verursachen Kosten und sind überwachungsaufwendig. Der Vorteil von Bürgern, deren Intelligenzquotient sich unter 100 aufhält, ist es, dass sie ihre Beschränkung nicht erkennen. Da erscheint kein kleiner gelber Kollege an der Datenautobahn des Gehirns und reißt ein Schild empor: Hier geht's nicht weiter. Die gelben Kollegen tauchen erst ab 130 auf und machen unzufrieden.«[30]

In den dann nachfolgenden Erzähltexten »Der Tag, als meine Frau einen Mann fand« (2015)[31] und »Wunderbare Jahre. Als wir noch die Welt bereisten« (2016)[32] fällt die Thematik und Problematik des Normalen bis auf die latente Nicht-Normalität signalisierenden Titel weitgehend fort, sodass man in diesem Punkt temporär eine deutliche Veränderung in Bergs Schreiben konstatieren kann. Bestehen bleibt aber auch in diesen ›Romanen‹ eine grundlegende Irritation, die daraus resultiert, zu fragen, was denn nun eigentlich ›normal‹ und was ›nicht normal‹ ist. Sind es die »Wunderbaren Jahre« des unbeschwerten, aber vielleicht auch nicht reflektierten Reisens oder ist es nicht vielmehr die aktuelle Normalität der vielen Ausnahmezustände, Kriege und sozialen Katastrophen weltweit?

2.4 »GRM. Brainfuck«

Letztere sind das Thema von »GRM. Brainfuck«,[33] eines Romans, der insofern zum Erzählmodell von »Ein paar Leute suchen das Glück und lachen sich tot«, »Sex II« und »Amerika« zurückkehrt, als er ebenfalls mit einer Vielzahl von Figuren arbeitet, deren einzelne ›Lebenswege‹ verfolgt werden, die untereinander aber auch immer wieder für begrenzte Zeit Gruppen mit minimalen Abstufungen innerhalb eines Feldes bilden, das in seiner sozialen Brutalität und mit der permanenten Ausübung von psychischer und physischer Gewalt auf die Körper von insbesondere Kindern und Jugendlichen gerade nicht als Ausnahmezustand und A-Normalität, sondern vielmehr als ›neue Normalität‹ gezeigt wird, als Normalität der Verwahrlosung, Kriminalität und Prostitution Jugendlicher. Auch die strukturelle Zweiteilung von »Amerika« findet sich in »GRM« wieder: Als die Gruppe Jugendlicher aus dem sozial und wirtschaftlich abgehängten, vom Staat aufgegebenen Rochdale begreift, dass sie dort niemals eine Chance haben wird, bricht sie auf nach London, wo jeder, der sich einen Chip einpflanzen lässt, ein Grundeinkommen bekommt. Der Preis dafür ist jedoch die datentechnische Selbstauslieferung an einen längst nicht mehr Sozial-, sondern inzwischen Überwachungsstaat mit totalitärer Tendenz, gegenüber dem die Gruppe einen Rest an Widerstand aufrechtzuerhalten sucht. Dies alles ist aber nicht als klassische dystopische Erzählung konzipiert, denn der ›Diskurs Sibylle Berg‹ hat in »GRM« – darin ganz anders fungierend als Dystopien – gerade die ständige Betonung von Normalität zur Grundlage, so anormal diese den Leserinnen und Lesern auch vorkommen mag.

3 Eine avantgardistische Position?

Mit ihren normalistischen Szenarien stellen die Texte Sibylle Bergs und die von ihr im Feld der Gegenwartsliteratur eingenommene experimentell-avantgardistische Position insofern eine symbolische Umwertung dominanter Literaturformen der Gegenwart dar, als dass das Spektrum der Normalitätspositionen um die in Monströsität umkippende normalistische Übererfüllung erweitert wird.[34] Der Subjektivitätstypus, für den Bergs Figuren stehen, ist bereit, sich durch Operationen ständig zu optimieren, tut sich selbst und dem eigenen Körper dabei aber häufig Gewalt an und bringt so geradezu systematisch beschädigte und bisweilen sogar monströse Körper hervor. Die Macht des gesellschaftlich ausgeübten, aber nirgendwo als Norm festgeschriebenen (Selbst-)Zwangs zur Positionierung in Normalfeldern mit Zonen der Normalität, der Über- und der Untererfüllung lässt diese Figuren Gewalt auf die eigenen Körper ausüben, eine Gewalt, die zunächst als Befreiung oder Erreichen des Ziels der *Überbietung* der Normalität nach oben imaginieren, ehe dieser Versuch der Optimierung und Erlangung von Hypernormalität in Zerstörung beziehungsweise Absturz noch unter das Ausgangsniveau umkippt. Den demgegenüber genau umgekehrten Weg ist Charlotte Roche gegangen, die mit »Feuchtgebiete«[35] einen Text geschrieben hat, dem es gleichsam um die *Unterbietung* ›normaler‹ hygienischer Standards und ebenso ›normaler‹ bürgerlicher Sexualvorstellungen geht, paradoxerweise jedoch bei einer Rahmenerzählung, die mit der Versöhnung der Eltern am eigenen Krankenbett in geradezu gegenläufiger Richtung auf Re-Normalisierung einer für nicht-normal erachteten Situation abzielt.

1 Sibylle Berg: »Sex II. Roman«, Leipzig 1998, S. 9. — **2** Jürgen Link: »Versuch über den Normalismus. Wie Normalität produziert wird«, Göttingen, 3., erg., überarb. und neu gestaltete Aufl. 2006. — **3** Jürgen Link: »(Nicht) normale Lebensläufe, (nicht) normale Fahrten: Das Beispiel des experimentellen Romans von Sibylle Berg«, in: Ute Gerhard / Walter Grünzweig / Jürgen Link / Rolf Parr (Hg.): »(Nicht) normale Fahrten. Faszinationen eines modernen Narrationstyps«, Heidelberg 2003, S. 21–36, hier 25. — **4** Link: »(Nicht) normale Lebensläufe«, a. a. O., S. 25. — **5** Sibylle Berg: »Ein paar Leute suchen das Glück und lachen sich tot. Roman«, Leipzig 1997. — **6** Berg: »Sex II«, a. a. O. — **7** Sibylle Berg: »Amerika. Roman«, Reinbek 1999 (hier zitiert nach der Taschenbuchausgabe München 2001). — **8** Jürgen Link: »Immer nach Süden: (Nicht) normale Fahrten über die Grenzen von Normalitätsklassen (mit einem Blick auf Sibylle Berg, Jean-Marie Gustave Le Clézio und Güney Dal)«, in: Wilhelm Amann / Georg Mein / Rolf Parr (Hg.): »Globalisierung und Gegenwartsliteratur. Konstellationen – Konzepte – Perspektiven«, Heidelberg 2010, S. 29–39, hier 34. — **9** Ebd., S. 25. — **10** Berg: »Amerika«, a. a. O., S. 27. — **11** Vgl. dazu Rolf Parr: »Monströse Körper und Schwellenfiguren als Faszinations- und Narrationstypen ästhetischen Differenzgewinns«, in: Georg Mein / Achim Geisenhanslüke (Hg.): »Monströse Ordnungen. Zur Typologie und Ästhetik des Anormalen«, Bielefeld 2009, S. 19–42, bes. 34–36 (auf einige Passagen dieses Beitrags wird hier zurückgegriffen). — **12** Berg: »Amerika«, a. a. O., S. 27. — **13** Ebd., S. 37. — **14** Ebd., S. 119. — **15** Ebd., S. 121. — **16** Ebd., S. 128. — **17** Ebd., S. 150. — **18** Ebd., S. 196. — **19** Johann S. Ach / Arnd Pollmann: »Einleitung«, in: Dies. (Hg.): »No body is perfect. Baumaßnahmen am menschlichen Körper. Bioethische und ästhetische Aufrisse«, Bielefeld 2006, S. 9–17, hier 11. — **20** Robin Celikates / Simon Rothöhler: »Hybridisierung oder Anerkennung? Zwei Politiken des Körpers in den Filmen David Cronenbergs und der Farrelly-Brüder«, in: Ach / Pollmann (Hg.): No body is perfect, a. a. O., S. 325–247, hier 326. — **21** Sibylle Berg: »Ende gut. Roman«, Reinbek 2005, S. 21 f. — **22** Vgl. Carmen Dollhäubl: »›Die Welt geht unter. Das ist das Beste, was mir jemals passiert ist.‹ Sibylle Bergs apokalyptischer Roman ›Ende gut‹«, in: Andrea Bartl (Hg.): »Verbalträume. Beiträge zur deutschsprachigen Gegenwartsliteratur«, Augsburg 2005, S. 49–62, hier S. 53. — **23** Berg: Ende gut, a. a. O., S. 95 f. — **24** Matthias Schaffrick: »Happy End. Sibylle Bergs Poetik der Ausnahme«, in: »Zeitschrift für Literaturwissenschaft und Linguistik«, Jg. 46 (2016), S. 423–438, hier 425. — **25** Sibylle Berg: »Die Fahrt. Roman«, Köln 2007. — **26** Sibylle Berg: »Der Mann schläft. Roman«, München 2009. — **27** Sibylle Berg: »Vielen Dank für das Leben. Roman«, München 2012, S. 7. — **28** Ebd., S. 18. — **29** Ebd., S. 22. — **30** Ebd., S. 41. — **31** Sibylle Berg: »Der Tag, als meine Frau einen Mann fand. Roman«, Köln 2015. — **32** Sibylle Berg: »Wunderbare Jahre. Als wir noch die Welt bereisten«, Köln 2016. — **33** Sibylle Berg: »GRM. Brainfuck. Roman. Köln 2019. — **34** Vgl. dazu Rolf Parr: »Normalistische Positionen und Transformationen im Feld der deutschen Gegenwartsliteratur«, in: Klaus-Michael Bogdal / Heribert Tommek (Hg.): »Transformationen des literarischen Feldes in der Gegenwart. Sozialstruktur – Medien-Ökonomien – Autorpositionen«, Heidelberg 2012, S. 189–208. — **35** Charlotte Roche: »Feuchtgebiete. Roman«, Köln 2008.

Anke S. Biendarra

Sibylle Berg als Feministin
Über die popkulturellen Strategien ihrer journalistischen Texte

Seit Beginn ihrer Karriere ist Sibylle Berg eine Autorin, die sowohl bei ihren Lesern als auch bei professionellen Kritikern starke Reaktionen hervorruft. Dies ist, neben noch näher zu charakterisierenden inhaltlichen Gründen, vor allem der Tatsache geschuldet, dass Berg sich stets entlang der Grenze von literarischer und journalistischer Textproduktion bewegt hat, wie auch andere Autoren, die in den späten 1990er Jahren der Neuen Deutschen Popliteratur zugerechnet wurden. Journalistische Tätigkeit wird in der öffentlichen Sphäre anders bewertet als literarisches Schreiben; sie ist in ihrer tages- und gesellschaftspolitischen Aktualität unmittelbarer als Literatur und lädt zum Austausch mit der Leserschaft geradezu ein, insbesondere dann, wenn sie online stattfindet. Regelmäßige Kolumnen, um die es hier unter anderem gehen soll, sind gewissermaßen »die leichtlebigen Schwestern des Kommentars« und gattungstechnisch der Satire verwandt.[1] Im Hinblick auf die Erörterung von Fragen, die aktuell in der Gesellschaft diskutiert werden, sind Kolumnen ein nicht unwichtiges Genre. Doch werden sie in Zeiten des Zeitungssterbens und aufgrund der damit für das Publikationsorgan verbundenen finanziellen Verpflichtung nur an Autoren vergeben, die bereits bekannt sind und sich in rhetorischen Sparringkämpfen als versiert erwiesen haben. Beides trifft auf Berg, die sich in verschiedenen Medien häufig der Öffentlichkeit aussetzt, absolut zu.[2] Sich in einer ausdifferenzierten Medienöffentlichkeit zu äußern, sei es in gedruckten Texten, online oder im Fernsehen, bedeutet darüber hinaus immer eine öffentliche Inszenierung. Berg steuert diese geschickt und untermauert ihre Position im literarischen Feld durch ihre unterschiedlichen Aktivitäten.

Im Kontext der Diskussion des Genres Popliteratur[3] wird Berg von Kritikern und Literaturwissenschaftlern als eine der wenigen Autorinnen gekennzeichnet, die in ihren Texten Genderrollen offensiv zur Diskussion stellen.[4] Zweifellos ist die Fokussierung auf Sexualität und Geschlechteridentitäten in Bergs Romanen und auch in den Theaterstücken von primärem Interesse. Doch ist die Frage, ob sich in ihrem Erzählwerk auch ein roter Faden feministischer Positionen finden lässt, damit keineswegs eindeutig beantwortet. Anhand der Leserrezeption lässt sich illustrieren, wie verwirrend sich das diskursive Feld darstellt.

Wenn Leser Bergs vermeintlich feministische Positionen kommentieren, tun sie dies häufig so, wie wir es im Zeitalter der Internetschelte erwarten, nämlich polemisch. Schreibt Berg über Genderpolitik,[5] spiegeln die Kommentare nicht selten eine Diffamierung feministischer Positionen, die mit »unfeminine women, man-haters, and lesbians« assoziiert und in der deutschen Öffentlichkeit nach wie vor gang und gäbe ist:[6] »In letzter zeit liest man immer öfter von solchem ›feminismus-gender-blödsinn‹-blödsinn. Was soll der quatsch mit dem ›bewusst werden‹ der ›WEIBLICHEN Rolle‹?«, kommentiert zum Beispiel »Afrojüdischer_Sozi-Sinti« Bergs »Spiegel Online«-Kolumne über Gleichberechtigung im Literaturbetrieb vom 1. November 2014.[7] Doch finden sich auch immer wieder Kommentare speziell von Frauen, die genau das Gegenteil anprangern und Sibylle Berg explizite Frauenfeindlichkeit unterstellen: »(…) lassen Sie uns in Ruhe mit Ihrer so undifferenzierten Sicht des ›Weiberpacks‹. Wir finden es mehr als bedenklich, dass die Redaktion solche Hasstiraden gegen Frauen abdruckt, und somit unterstützt.«[8] Es entsteht also ein ambivalentes Bild. Anhand einer genaueren Analyse von Bergs Themen und rhetorischen Strategien und unter Berücksichtigung ihrer Position im diskursiven Feld soll deshalb erörtert werden, ob beziehungsweise inwiefern ihre journalistischen Arbeiten tatsächlich von einem feministischen Geist durchweht sind.

Hilfreich für die Analyse ist dabei eine Position, die sich in den 2000er Jahren als spezifisch deutsche Variante des Postfeminismus herausgebildet hat. Der sogenannte *Popfeminismus* speist sich aus verschiedenen Quellen, baut auf den Generationszusammenhängen und Jugendkulturen von Pop auf und erscheint gleichzeitig als Symptom und kritischer Orientierungspunkt innerhalb des neoliberalen politischen und ökonomischen Systems, das sich in Deutschland seit dem Fall der Mauer institutionalisiert hat. Theoretisch zuerst fixiert in dem von Sonja Eismann herausgegebenen Band »Hot Topic: Popfeminismus heute« (2007), geht es im Popfeminismus unter anderem darum, Inhalte der Vorgängergeneration der *Second Wave* aufzunehmen und produktiv zu adaptieren. Popfeminismus nutzt also den Feminismus, um Popkultur umzukodieren, und Pop, um den Feminismus umzuschreiben.[9] In diesem Prozess werden feministische Theorie und Praxis neu konfiguriert, und zwar häufig von den Plattformen der kreativen Arbeit und des politischen Aktivismus aus.

Popfeminismus präsentiert sich grundsätzlich als »chimäre Kategorie«[10] und ist nicht auf bestimmte kulturelle Praktiken beschränkt, sondern vielfältig und offen. Die Anschlussfähigkeit zu Bergs Texten besteht zunächst in der Verbindung zur Neuen Deutschen Popliteratur, die dem Popfeminismus in gewisser Weise den Weg bereitet hat. Dabei spielt insbesondere eine Rolle, dass sich die Rezeption von Bergs Prosa nicht von ihrer öffentlichen Persona beziehungsweise der Inszenierung von Autorschaft, trennen lässt. Gilt dies in einer ausdifferenzierten Mediengesellschaft grundsätzlich, so war es im Kontext der Popliteratur der ausgehenden 1990er Jahre, die Literatur als multimediale Show inszenierte und breite Leserschichten ansprach, besonders ausgeprägt. Insbesondere Autorinnen profitierten dabei nicht zuletzt ökonomisch vom medialen Zusammenhang zwischen physischer Attraktivität, öffentlichem Auftritt und ihren Texten.[11] Auf dem Cover ihres ersten Romans »Ein paar Leute suchen das Glück und lachen sich tot« (1997) räkelt sich eine spärlich bekleidete Berg rauchend im Bett, und auch der zweite Roman »Amerika« (1999) zeigt auf dem Cover ein stilisiertes Bild der Autorin im Abendkleid mit deutscher Dogge. Kerstin Gleba und Eckhard Schumacher, Herausgeber der Anthologie »Pop seit 1964« (2007), weisen darauf hin, dass Popautoren jede Form von »Authentizität« jenseits medialer Inszenierung ablehnen; stattdessen sei Pop gerade aufgrund seiner beständigen Abwehr von Definitionen nur als Strategie, Pose und Einstellung zu verstehen.[12] Der performative Akt der Selbststilisierung ist der Popliteratur also inhärent und lässt sich an Bergs medialer Inszenierung unschwer nachvollziehen; diese findet im Dokumentarfilm »Wer hat Angst vor Sibylle Berg« (2016), an dem sie selbst mitwirkte, ihren vorläufigen Höhepunkt.

Darüber hinaus verbindet der ironische Duktus, mit dem die Autorin in ihren Texten der Realität begegnet, sie sowohl mit Pop als auch mit dem Popfeminismus. Ironie ist das vielleicht am häufigsten ausgemachte Charakteristikum der Popliteratur, das ganze Studien inspiriert hat.[13] Wie sich zeigen wird, teilen Bergs journalistische Texte mit dem Popfeminismus neben thematischen Anliegen einen Modus des Engagements und der Selbstpräsentation, der mit einer auch der Popliteratur eigenen »Ästhetik der Ambivalenz«[14] einhergeht.

Berg blickt neben ihrer Arbeit als Romanschriftstellerin und Dramatikerin – anteilig stellen ihre Stücke den größten Teil ihres Werks dar – auf eine lange journalistische Tätigkeit zurück. Seit den späten 1990er Jahren verfasst sie Reisereportagen und Glossen, unter anderem für die Frauenzeitschriften »Allegra« (2016 eingestellt) und »Marie Claire« (2003 auf dem deutschen Markt eingestellt), die »Frankfurter Allgemeine Zeitung« und »Neue Zürcher Zeitung«, vor allem aber für das der Wochenzeitung »Die Zeit« beiliegende »Zeit-Magazin«. Viele dieser frühen Kolumnen sind in der Prosa-Sammlung »Gold« (2000) zusammengefasst. Die dort versammelten Texte aus den späten 1990er Jahren sind experimenteller und in Einzelfällen auch literarischer als die mehr als ein Jahrzehnt später entstandenen der »Spiegel Online«-Kolumnen. »Gold« liest sich wie eine zusammengewürfelte, anarchische Sammlung, die den Zeitgeist der 1990er Jahre atmet und in dieser Form angesichts der vielfach geglätteten Präsentation von Inhalten heute fast unmöglich scheint – interessanterweise ist die Publikation auch nicht mehr auf Bergs Webseite angezeigt. Seit 2011 schreibt sie unter dem

Titel »Fragen Sie Frau Sibylle« eine samstägliche Kolumne für »Spiegel Online«. Ausgewählte Exemplare dieser Texte erschienen 2013 im Band »Wie halte ich das nur alles aus? Fragen Sie Frau Sibylle«; der Verlag bewirbt das Buch im Klappentext als »Benimm- und Überlebensfibel«. Dementsprechend sind alle »Spiegel«-Kolumnen als Antworten auf Fragen formuliert und im Hinblick auf die Länge normiert, das heißt kurz und damit schnell lesbar; darüber hinaus spürt man einen stärkeren editorischen Eingriff als in den in »Gold« abgedruckten Kolumnen.

Die Themen in »Gold« sind ähnlich breit gefächert wie die Publikationsorgane, für die die damals noch deutlich unbekanntere Autorin ihre Texte verfasste. Es finden sich viele Reisetexte, die zum Teil auch in andere Prosaarbeiten eingegangen sind.[15] Die aktuelle Realität der Nachwendejahre spiegelnd, beschäftigen sich viele Texte mit den fünf neuen Bundesländern (»Tanz den Goethe«, »Quietschende Städte«) und Erinnerungen an die DDR (»Ostseeurlaub«). Bundesdeutsche Politik kommt nur am Rande vor, zum Beispiel in einem Essay über Gerhard Schröder als Ministerpräsident von Niedersachsen (»Tour de Trance«, zuerst veröffentlicht in »GQ«). Daneben gibt es Texte über einzelne prominente Menschen, mit denen Berg zusammenarbeitete (wie den Musiker Philip Boa und die Autoren Wiglaf Droste und Haruki Murakami) sowie Erstveröffentlichungen, deren Publikation bis dato von Verlagen abgelehnt wurde.

Einen breiten Raum nimmt in »Gold« darüber hinaus die sogenannte »Fanpost« ein, also Zuschriften von Leserinnen und Lesern, vereinzelt auch von Verlagen, die als Faksimiles reproduziert und typografisch deutlich vom übrigen Text abgesetzt sind. In der Fanpost finden sich Gedichte, Zeichnungen und viele handschriftliche Notizen. In Einzelfällen sind die Briefe positiv, doch überwiegen kritische Kommentare. Die Berg zur Last gelegten Mängel beziehen sich vor allem auf inhaltliche (»Liebe Sybille [sic] Berg, was wollen Sie uns eigentlich sagen?«[16]) sowie stilistische Schwächen der Texte (»Frau Berg sollte wirklich einmal hart mit sich ins Gericht gehen und sich die Zeit nehmen, in Ruhe an ihrer Sprache zu arbeiten, vielleicht kann sie sich die vielen Manierismen dann noch abgewöhnen«[17]). Derart negative Leserkommentare abzudrucken, läuft dem Ziel editorischer Praxis geradezu zuwider. Schließlich soll jede Veröffentlichung zur Weiterentwicklung des schriftstellerischen Werks und damit auch zur Stabilisierung der Autorposition beitragen. Hier wird aber offenbar ein anderes Anliegen verfolgt, nämlich Bergs vermeintliches »Versagen« als Autorin ironisch auszustellen und es so zu konterkarieren. Leserzuschriften bestätigen die Wichtigkeit der Autorin im Feld, was jedoch durch das Abdrucken vorwiegend negativer Kritik unmittelbar unterwandert wird. Die Tatsache aber, dass die Autorin souverän genug ist, dieselbe in Buchform gewissermaßen für die Ewigkeit festzuhalten, beweist wiederum, dass sie sich selbst nicht allzu ernst nimmt. Der Wunsch nach auktorialem Status quo öffentlicher Bestätigung wird also umgehend satirisch übersteigert. Das ästhetische Verfahren der ironischen Selbstdistanzierung, das »Gold« strukturell unterstützt, zieht sich bis in die Gegenwart durch Bergs journalistische Arbeit und ihre öffentlichen Auftritte.

In Texten, die sich mit dem weiblichen Geschlecht oder Gender-Fragen beschäftigen, ist Ironie häufig das bevorzugte Stilmittel. In »Dinge, die man lieben kann. Die Frauen« ironisiert Berg die Institution des jeweils am 8. März stattfindenden Weltfrauentages, an dem »allen Frauen die Lampe ausgeblasen« wird. Ehe sie aber ihr Ende finden, können Frauen sich endlich so benehmen, wie es ihre sozialen und Gender-Rollen normalerweise nicht zulassen. Das liest sich dann so: »Rotten wilder Frauen toben durch die Gassen und treten kleine Dackel platt, sie verprügeln ein paar Schulkinder, weil sie sich nicht mehr von Kindern und Dackeln unterjochen lassen. Danach verprügeln sich die Frauen gegenseitig, warum, wissen sie auch nicht so genau, brechen sich die Zähne heraus, erbrechen auf das Trottoir und schubsen einige Pkws um. Einige Frauen stürmen die NATO und zetteln mehrere Kriege an, vergewaltigen im Anschluß ein paar Studienräte (warum Studienräte? Schnauze, sagen die Frauen, ist doch egal), stopfen sich währenddessen mit Cremeschnittchen voll und rülpsen. Dann schlafen sie betrunken ein, die Frauen, ich hab sie lieb, jeden Tag sollte Weltfrauentag sein.«[18]

Der kleinste gemeinsame Nenner des hier gebündelten und gemeinhin eher mit Männern assoziierten gewalttätigen Verhaltens wird durch die Bezugnahme auf den Weltfrauentag und eine einzige, vermeintlich primär von Frauen ausgeübte Handlung (das Essen von Cremeschnitten) satirisch gebrochen. Dabei spielen Übertreibung und Drastik als stilistische Mittel eine entscheidende Rolle; diese signalisieren, dass hier eben keine wirkliche Meinung kundgetan, sondern Satire betrieben wird. Welche Schlüsse man aus derselben allerdings ziehen soll, bleibt unklar. Dass der »Weltfrauentag« eine lächerliche Erfindung ist? Dass gewalttätiges Verhalten nicht auf das männliche Geschlecht reduziert ist? Da Ironie das Gegenteil des Ausgedrückten immer schon mitdenkt, lässt sich eine vermutete Autorabsicht kaum sinnvoll diskutieren.

Sich beständig im ironischen Modus zu äußern, erlaubt es, dauerhaft die Unterscheidung zwischen tatsächlichen und nur ›erwähnten‹ zitierten Standpunkten zu verwischen, was im Ergebnis eine schillernde, fluide Position produziert, die sich niemals wirklich auf etwas festlegt.[19] Mögliche Lesererwartungen, die aufgrund der Konventionen des Genres »Kolumne« persönliche Meinungen und eindeutige Positionierungen präferieren, werden also systematisch unterwandert. Als ästhetisch-mediales Verfahren einer indirekten Sprechweise ist diese Produktion von Ambivalenz durch Ironie anderen selbstreferenziellen Sprechweisen, wie zum Beispiel dem Zitat, verwandt. Man kann eine solche Verwendung von Ironie und Satire als Kommunikationsakt der selbstbezüglichen Paradoxie verstehen, die der (Pop-) Literatur einen spielerischen Umgang mit Sprache und kulturellen Codes ermöglicht.[20] Alternativ umfasst die beständige Fixierung auf Ironie aber auch eine »Lizenz zur Inhaltslosigkeit«, in der der ironische Modus als Potenzierung von Kritik erscheint: »Wer die Popironie nicht versteht oder ablehnend reagiert, disqualifiziert sich.«[21] In dieser Logik entlarven sich Bergs Leser durch die abgedruckte kritische Fanpost wenn nicht als ignorant, so doch zumindest als unfähig, satirische Kritik als solche zu erkennen.

Dem Kommentar verwandt, behandelt die Kolumne Themen von allgemeinem Interesse auf humorige oder satirische Weise und kann sich dabei durchaus auch auf aktuelle Ereignisse beziehen. Dies spielt gerade bei »Spiegel Online« (S. P. O. N.), das als Nachrichtenportal in Deutschland die drittgrößte Reichweite besitzt und auf das Generieren vieler Klicks angewiesen ist, eine entscheidende Rolle. S. P. O. N. beschäftigt seit 2011 eine Reihe von Kolumnisten, deren Aufgabe es ist, »jeweils von Montag bis Samstag ihre ganz persönliche Sicht auf Themen der Zeit (zu) präsentieren – kontrovers, spannend, unterhaltend.«[22] Sibylle Berg beendet samstags die Woche mit einer »ganz speziellen Lebenshilfe (…), die sich mit den Widrigkeiten des Lebens beschäftigt«.[23]

Die möglichen Themen einer Berg'schen S. P. O. N.-Kolumne sind also großzügig abgesteckt, was ausdrücklich mit ihrer ästhetischen Freiheit als Schriftstellerin begründet wird. Dennoch beschäftigen sich auffällig viele der in »Fragen Sie Frau Sibylle« abgedruckten Kolumnen mit Themen, die das Verhältnis von Frauen und Männern betreffen. Speziell der vierte Teil des Buches mit dem Titel »Sie Frau, Sie Randgruppenkollegin« ist unterschiedlichen Aspekten von Geschlechterbeziehungen gewidmet. Gesellschaftliche Gleichberechtigung allerdings erscheint hier durchgängig als bloße Behauptung, die von der sozialen Realität nicht bestätigt wird. Diese grundsätzliche Überzeugung unterliegt als roter Faden allen Texten und wird in der Variation verschiedener Einzelaspekte durchdekliniert. Sie reichen von der Diskussion der Frage, warum Frauen sich für Männermagazine ausziehen,[24] über den Umgang mit alternden Frauen in der Öffentlichkeit,[25] über Frauen als Künstlerinnen[26] bis hin zur weiblichen, angeblich genetischen Affinität zur Emotion.[27] Ironie ist auch hier das probate stilistische Mittel, mit dem Berg vermeintliche Fortschrittsmodelle einer satirischen Kritik unterzieht.

In Bergs S. P. O. N.-Kolumnen erscheinen Frauen in einem vom Spätkapitalismus begründeten Herrschaftszusammenhang, in dem ihnen nur wenige Freiheiten zugestanden werden. Obwohl sie »die Hälfte der Welt« ausmachen, sind sie dennoch nur eine Randgruppe, deren Fähigkeiten nach wie vor in erster Linie von Männern beurteilt werden. Ihre fehlende gesellschaftliche Teilhabe wird mit beißender Ironie als »selbstverschuldet« gebrandmarkt.[28] Von der männlichen Umwelt werden Frauen nicht als Individuen, sondern primär als Objekte wahrgenommen, was sie kontern, indem sie sich in vorauseilendem Gehorsam über sich selbst lustig machen, wenn sie »als Sexobjekt uninteressant geworden sind«.[29] Solange sie sich aber noch männlicher Aufmerksamkeit erfreuen dürfen, ist »Frauenbenutzung (...) gesellschaftlich so akzeptiert wie der Verzehr eines Becherchens Kaviar«, denn laut Berg liegt es in der männlichen Natur, Frauen zu unterwerfen, und zwar nicht nur sexuell.[30] Berg entwirft insgesamt ein wenig nuanciertes Bild von Geschlechterbeziehungen; stattdessen setzt sie auf stereotypisierte Vorstellungen derselben, in denen Individualität und Fortschritt keine Rolle spielen. Auch verletzt sie bewusst die ungeschriebenen Regeln politischer Korrektheit, wenn sie sich in ihrer Rolle als Frau mit versklavten Schwarzen vergleicht.[31]

Doch sind diese undifferenzierten Überzeichnungen wohl in erster Linie dem Genre der wöchentlich zu schreibenden Kolumne geschuldet, die überspitzt, um ihre Aussage möglichst zu pointieren, und dabei auch vor Schockeffekten nicht zurückschreckt. Die satirische Überzeichnung dient überdies als Mittel der Distanzierung von einer Realität, in der gesellschaftliche Gleichberechtigung zwar beständig thematisiert wird (im Rahmen der jüngsten #MeToo-Debatten umso mehr), aber längst noch nicht erreicht ist. Hinzu kommt die den Texten als roter Faden unterliegende Realisation, dass der Spätkapitalismus gegendert ist, beide Geschlechter eng umklammert hält und jeglichen gesellschaftlichen Freiraum unterminiert.

Im Kontext popfeministischer Phänomene, denen die Ironie quasi eingeschrieben ist – von der »Riot Grrrl«-Bewegung über feministische Performance Art bis hin zu literarischen Texten von Charlotte Roche, Kerstin Grether oder Helene Hegemann – sind die von Berg diskutierten Defizite höchst anschlussfähig. Ihre Kolumnen verhandeln Inhalte aus einer dezidiert feministischen Perspektive und brandmarken auf polemische Art und Weise den Status quo gesellschaftlicher Gleichberechtigung als dringend verbesserungsbedürftig. Durch die ironische Ausstellung realer Benachteiligungen wird ein Bewusstsein dafür geschaffen, dass die gesellschaftlichen Positionen von Frauen nach wie vor patriarchalisch dominiert sind. Bergs »Spiegel«-Kolumnen zielen also auf die Kontestation von Rollenbildern qua satirischer Überzeichnung, mit dem Ziel, die Entwicklung von nicht normenkonformen weiblichen und männlichen Verhaltensweisen anzuregen und Entwürfe zu schaffen, in denen »Männlichkeit« und »Weiblichkeit« nicht länger stereotypisiert sind, sondern in ihrer Unterschiedlichkeit akzeptiert werden.

1 Wolf Schneider / Paul-Josef Raue: »Das neue Handbuch des Journalismus und des Online-Journalismus«, Hamburg 2012, S. 145. — **2** Genannt seien hier nur »Durch die Nacht mit … Sibylle Berg und Katja Riemann« (ZDF/Arte, 2006) und der von Brot und Böller produzierte Dokumentarfilm »Wer hat Angst vor Sibylle Berg« (Regie: Wiltrud Baier / Sigrun Köhler, 2016). Überdies erschien Berg häufig in der »Harald Schmidt Show« und im »Neo Magazin Royale« mit Jan Böhmermann und hatte von Januar 2016 bis Dezember 2017 regelmäßige Auftritte mit satirischen Texten in der ZDFNeo Talkshow »Schulz & Böhmermann«. Siehe als weiteres Beispiel auch ein vom Hanser Verlag produziertes, ca. 90 Minuten langes Interview mit Wolfgang Tischer anlässlich der Veröffentlichung des Romans »Vielen Dank für das Leben« (2012), das auf YouTube einsehbar ist (https://www.youtube.com/watch?v=yzFrxf9cfaM). — **3** Vgl. Margaret McCarthy (Hg.): »German Pop Literature. A Companion«, Berlin, Boston 2015, und zuletzt Carsten Gansel / Burkhard Meyer-Sieckendiek (Hg.): »Stile der Popliteratur. Versuch einer intermedialen Differenzierung«, München 2018. — **4** Frank Degler / Ute Paulokat: »Neue deutsche Popliteratur«, Stuttgart 2008, S. 12. — **5** http://www.spiegel.de/kultur/gesellschaft/sibylle-berg-ueber-gendergerechtere-sprache-genderpolitik-a-990913.html. — **6** Vgl. in diesem Zusammenhang die interessante Diskursanalyse von Christina Scharff: »Schröder versus Schwarzer: Analysing the discursive terrain of media debates about feminism«, in: »Feminist Media Studies« 14.5. (2014), S. 837–852, hier S. 839. — **7** http://www.spiegel.de/kultur/gesellschaft/sibylle-berg-ueber-gleichberechtigung-in-der-literaturbranche-a-999984.html#js-article-comments-box-pager. — **8** Sibylle Berg: »Gold«, zuerst Hamburg 2000, erw. Taschenbuchausgabe Köln 2002, S. 131. Vgl. auch »Fanpost« (S. 175) und »Offener Brief« (S. 177). — **9** Carrie Smith-Prei / Maria Stehle: »Awkward Politics: Technologies of Popfeminist Activism«, Montreal, London, Chicago 2016, bes. S. 56. — **10** Katja Kauer: »Popfeminismus! Fragezeichen! Eine Einführung«, Berlin 2009, S. 7. — **11** Die Forschung hat dies unter anderem in der Diskussion des Phänomens »Fräuleinwunder« aufgearbeitet, vgl. dazu Anke Biendarra: »Germans Going Global. Contemporary Literature and Cultural Globalization«, Berlin, New York 2012, S. 19–46. — **12** Kerstin Gleba / Eckhard Schumacher: »Vorwort«, in: Dies. (Hg.) »Pop seit 1964«, Köln 2007, S. 11–14. — **13** Dazu Degler / Paulokat: »Die Ironie ermöglicht es der popmodernen Literatur, sich aus der ästhetischen Sackgasse des Schweigens zu befreien – dem Schweigen der Moderne, die angesichts einer moralischen Weltkomplexität das eigene Sprechen kaum mehr verantworten zu können glaubte.« Dies.: »Neue Deutsche Popliteratur«, a.a.O., S. 107. — **14** Heinrich Kaulen: »Popliteratur als Generationsphänomen. Jugendliche Lebenswelten im Spiegel der Popliteratur der 1990er Jahre«, in: Andrea Geier / Jan Süselbeck (Hg.): »Konkurrenzen, Konflikte, Kontinuitäten: Generationenfragen in der Literatur seit 1990«, Göttingen 2009, S. 138–157, hier S. 141. — **15** So schreibt Berg zum Beispiel mit dem Text »Bangladesch« für das »Zeit-Magazin« eine Reportage über die Hauptstadt Dhaka, in der sie die Behauptung einer »Glücksstudie«, in Bangladesch lebten die glücklichsten Menschen der Welt, mit der grausamen Realität eines Lebens im Slum konfrontiert. Details dieses durch seine Drastik überaus einprägsamen Textes finden sich einige Jahre später im längsten Kapitel ihres Romans »Die Fahrt« (2007) wieder. »Gold«, a.a.O., S. 66–75. — **16** Berg: »Gold«, a.a.O., S. 141. — **17** Ebd., S. 246. — **18** Ebd., S. 116–117. — **19** Im Film »Wer hat Angst vor Sibylle Berg« wird dies so auf die Spitze getrieben, dass nach 90 Minuten keine einzige ernstzunehmende Aussage der Autorin im Gedächtnis bleibt; alle vermeintliche Authentizität geht stattdessen im ironischen Wortgeplänkel unter. — **20** Degler / Paulokat: »Popliteratur«, a.a.O., S. 106. — **21** Christoph Rauen: »Pop und Ironie. Popdiskurs und Popliteratur um 1980 und 2000«, Berlin 2010, S. 216. — **22** »In eigener Sache: S.P.O.N. – Die Kolumnisten starten auf Spiegel Online«, 10. Januar 2011 (http://www.spiegel.de/dienste/a-738667.html). — **23** Ebd. — **24** Sibylle Berg: »Wie halte ich das nur alles aus? Fragen Sie Frau Sibylle«, München 2013, Taschenbuchausgabe 2015, S. 91–93. — **25** Ebd., S. 94–96. — **26** Ebd., S. 97–99. — **27** Ebd., S. 109–111. — **28** Ebd., S. 100–102. — **29** Ebd., S. 95. — **30** Ebd. 49–51, hier S. 49. — **31** Ebd., S. 50.

Alexandra Pontzen

Sibylle Berg und die Moralistik im 21. Jahrhundert
Negative Anthropologie als literarisch-philosophisches Erzählprogramm

Die Lektüre von Sibylle Bergs epischen Texten bietet auch den Anhängern der Autorin nur bedingt ein im traditionellen Sinne ›ästhetisches‹ Vergnügen. Zum einen ist die Lektüre thematisch eher von unerfreulichen Ereignissen, Phänomenen und Gefühlen bestimmt – wenn auch im Unterschied zu den frühen Texten seit ca. 2009 Fluchtpunkte und Gegenentwürfe zum geschilderten Elend der menschlichen Existenz aufscheinen.[1] Zum anderen sind auch die Textoberflächen strukturell darauf angelegt, keinen Lesefluss im Sinne eines etwa mehrstündigen Lektüreprozesses mit Flow-Erlebnissen oder Immersion in die fiktionale Welt zu gewähren, sondern sie arbeiten mit verschiedenen Techniken – Perspektiven-, Orts-, Zeit- und Ebenenwechsel, Wiederholung, Kommentierung, Überspitzung –, die eben dieses immersive Lesen verhindern. Letztlich sind deshalb die vermeintlich ›epischen‹ Texte der Autorin entweder tendenziell dramatisch (wie »Der Tag, als meine Frau einen Mann fand«, 2015, oder »Der Mann schläft«, 2009), oder sie sind aperçuhafte Kurzessays – und das nicht nur in einem Format, das genau diese Form in ihrer Form-Inhalt-Kongruenz ironisch zur Schau stellt, wie dem Rat der Briefkastentante (»Fragen Sie Frau Sibylle«[2]) oder den Reiseberichten »Wunderbare Jahre. Als wir noch die Welt bereisten« (2016), sondern auch im vorgeblichen *opus magnum* »Danke für das Leben« (2012). Auch in diesem umfangreichen Roman ist das Erzählen der Lebensgeschichte der hermaphroditischen Hauptfigur Toto kein narrativer Selbstzweck, sondern Fallstudie einer katastrophischen Biografie, deren Stationen (»Der Anfang«, »Die Mitte«, »Das Ende«) exemplarisch zu lesen sind und durch konkrete Jahreszahlen (»1966–2000«, »2000–2010«, »2010–2030«) und Schauplätze (DDR, BRD vor 1989, vereinigtes Deutschland) lediglich illustriert oder im Sinne einer experimentellen Poetik der Studie ›belegt‹ werden. Mit charakterlichen oder emotionalen Entwicklungen und moralischen Verwerfungen der Figuren verhält es sich strukturell analog: indem sie einmal auktorial ›attestiert‹ (»Toto glaubte noch an Wunder«[3]) und zudem, oft in personaler Perspektive, vorgeführt werden. Das Verfahren ist, wie fast immer bei Berg, darauf angelegt, keinerlei Handlungsspannung aufkommen zu lassen und trotz differenzierter psychischer Introspektion kein Identifikationspotenzial mit den stereotypisierten Figuren zu eröffnen.

Böswillige könnten daraus folgern, Berg könne nicht ›erzählen‹, ihr gelängen nur anekdotenhafte Illustrationen von Lehrsätzen, abstrakte Versuchsanordnungen menschlicher Gefühlszustände, dekoriert mit ironisch-kritischen Miniaturen der Konsumgebräuche und Verhaltensnormen verschiedener ästhetischer Urteilsgemeinschaften. Die Überspitzung milieuästhetischer Beobachtungen erinnert an Comedy-Formate, die Rollenprosa der üblichen Verdächtigen (Teenager, Außenseiter, Verlassene und alternde Frauen) an tagebuchartige Weltschmerz-Tiraden. In dieser Lesart verbinden sich Medisance und Larmoyanz in einem »so melancholischen wie bösartigen Blick«;[4] er gilt den Wechselfällen des Lebens, einerseits politisch-aktuell der westlichen Konsumgesellschaft, den globalen Naturkatastrophen und Umweltsünden, der Ausbeutung und Diskriminierung, andererseits philosophisch-anthropologisch der Grundeinsamkeit und den Existenz- und Todesängsten des Einzelnen. Die Fokussierung auf Spielarten weiblicher, transgender oder kindlicher Lebens- und Leidensweisen verbindet (tages-) politische Kritik mit grundsätzlicher Reflexion auf das Wesen ›Mensch‹, seine Bedürfnisse und Möglichkeiten. Die als ›abweichend‹ wahrgenommenen, unterdrückten oder verfolgten Lebensentwürfe führen stellvertretend die kultur-, milieu- und epochenspezifische Bedrohung menschlicher Würde und Existenz vor Augen, so etwa die psycho-physische Unterdrückung und Ausbeutung von Mädchen und Frauen in Bangladesch im Kapitel »Mein Leben als Hund. Bangladesch, 24. März 1994«.[5]

Charakterisiert man aber, wie in Klappentexten üblich, den Blick der Autorin als »so melancholisch wie bösartig«[6], als ›kalt‹, ›böse‹ oder ›schräg‹, so verlagert man wirkungsästhetische Effekte auf produktionspsychologische Voraussetzungen der Texte. Die ent-täuschenden Effekte von Bergs Narrationen sind indes sowohl formalästhetisches Kalkül als auch philosophisches Programm, insofern die Formeigenheiten der Texte mit Rezeptionshaltungen verknüpft sind und sie ihre Inhalte immer auch als Desillusionierungsprozesse der Lesenden umsetzen. Was als ›Erzählung‹ selten überzeugt, weil es eben nicht in einen epischen Bann schlägt, und zudem durch einen überscharfen Fokus auf Hässliches, Grausames und Trostloses irritiert, lässt sich, statt mit narrativem Unvermögen und zu kurzem Atem der Erzählinstanz, auch produktiver erklären: Man kann die »[i]n unsystematischer Form präsentierten, auf explizite moralische Belehrung verzichtende Darstellungen menschlicher Verhaltensweisen«[7] als zeitgenössische Formen der Moralistik deuten, als beständige und insofern auch monomanische Versuche, durch literarisch-philosophische Desillusionierung die Leser zu sich selbst zu führen und ihnen durch Beobachtung, Beschreibung und Deutung in den Sitten und Handlungsweisen ihrer Mitmenschen anthropologische Konstanten und damit verborgene eigene ›Natur‹ (in der Tradition La Rochefoucaulds vor allem den *amour propre*, die Selbstliebe als verborgene, alles bestimmende Motivation) so vor Augen zu führen, dass Konsequenzen für Denk- und Lebensweise zumindest naheliegen.[8]

Damit reiht sich Bergs Werk einerseits in eine Bewegung der Gegenwartsliteratur ein, die sich vor der Folie einer vermeintlich moralisch indifferenten Postmoderne als ›engagiert‹ oder zumindest als ›ethische Wende‹ ausnimmt.[9] Andererseits erlaubt die literarhistorische wie -typologische Einordnung Bergs in die Moralistik, über eine Positionierung im zeitgenössischen literarischen (und autofiktionalen) Dialog über das menschliche Miteinander hinaus, Aufschluss über ihre zentralen philosophischen Grundannahmen und poetischen Verfahren. Sie verortet ihr Werk in einer Tradition, die ihren eher modisch-aktuellen Stoffen, dem cool-trashigen Habitus und der scheinbaren Oberflächlichkeit ihrer Konsum- und Medienkritik[10] eine Dignität verleiht, die man hinter dem etwas stereotypen Figurenensemble, den tendenziell vorhersehbaren Wendungen der Handlung und den, so scheint es, auf leichte Konsumierbarkeit hin angelegten Präsentationsformen der Texte zu übersehen neigt.

Die Moralistik hat in Deutschland keine ihrem Mutterland Frankreich vergleichbare Bekanntheit oder gar Kanonizität. Durch Christian Thomasius' »Einleitung zur Sittenlehre« (1692) als Fremdwort ins Deutsche eingeführt, nahm »moraliste« im 18. Jahrhundert die Bedeutung von »moralischer Rigorist« an, die es »bis heute«[11] behält, während im Französischen seit Mitte des 19. Jahrhunderts »moraliste« einen Autor bezeichnet, »der die Sitten und Leidenschaften einer Epoche beobachtet, beschreibt und analysiert«.[12] Zwar hat Nietzsche das französische »moraliste« als »Moralist« eingedeutscht und die den entsprechenden französischen Autoren (v. a. Montaigne, La Rochefoucauld, Pascal, La Bruyère) unterstellte illusionslose Anthropologie mit dem Ausdruck »Moralistik« bezeichnet,[13] und wohl ist in der deutschen Romanistik der Terminus ebenfalls geläufig, doch stehe dies, so Peter Werle mit Verweis auf einschlägige Quellen, »im Gegensatz zum üblichen Sprachgebrauch, der Moralist mit ›Sittenlehrer‹ gleichsetzt«.[14] Das mag erklären, warum bestimmte zeitgenössische Konzepte von Autorschaft im deutschen Sprachraum nicht in diese Tradition eingeordnet und also – so meine These – letztlich missverstanden oder fehlgedeutet werden. Das ist bei Sibylle Berg der Fall, insofern ihr Schreiben nur oberflächenästhetisch als Zynismus,[15] kultur- und genderkritische Satire charakterisiert oder über die rezeptionsästhetischen Affekte Ekel und Scham erfasst und die Facetten ihres Schreibens und ihrer Performanz als intermediale Selbstinszenierungsstrategien und digitale Autofiktionsvariationen eingeordnet werden.

Die folgenden Ausführungen wollen dem eine Lesart entgegensetzen, die ihr Schreiben in die Tradition der Moralistik einordnet, einer historischen europäischen Bewegung mit Schwerpunkten in Frankreich, Spanien und England, die ihren Ausgangspunkt in einer »Gruppe französischer Autoren des 17. und 18. (Jahrhunderts)« nahm. Im weiteren, systematischen Verständnis[16] umfasst das Konzept alle »Texte mit einer ahistorisch-anthropologischen Einstellung, deren ›wichtigste negative Bestimmung‹ in ihrer Opposition zu systematischer ›Morallehre‹ und ›Moralphilosophie‹ liegt«,[17] und alle Autoren, »die auf die Frage, was der Mensch sei, antworten durch Betrachten und Beschreiben aller Erscheinungsweisen des Menschen in seelischer, sittlicher, sittengeschichtlicher, gesellschaftlicher, politischer Hinsicht, jeweils nach den Verschiedenheiten der Räume und Zeiten«.[18]

Diese Ausrichtung verdeutlicht bereits, dass Berg thematisch und methodisch als Autorin der Moralistik zu lesen ist. Explizite intertextuelle Bezüge zur Moralistik finden sich in inhaltlichen Kernaussagen zu den Abgründen von Psyche, Politik und Medienpraxis, in der Hinwendung zu gesellschaftlichen Riten und milieuspezifischen Gepflogenheiten ebenso wie in poetologischen und stilistischen Vorlieben der Autorin. Letztere liegen in der Analyse, Zergliederung und Durchleuchtung, ihre Aussage- und Wirkabsichten, die in der ständigen Kontrastierung vorgefundener Realität und dem ›eigentlichen‹ Anspruch des Menschlichen aufscheinen, zielen auf aufklärende Entlarvung. Auch Bergs eingangs skizzierte eigentümlich reduzierten oder partikularisierten und im Epischen sentenzenhaft verdichteten Textformen lassen sich als pseudo-narrative Variationen jener Maximen und Reflexionen lesen, die vor allem für die französische Moralistik charakteristisch sind und mit denen etwa La Rochefoucauld das (kurzweilige) Interesse der Leserschaft weckte, um es über Paradoxien oder verblüffende Gedankenwendungen kurzfristig zu unterhalten und längerfristig reflexiv zu binden.

Weitere formale Anknüpfungen zu exemplarischen Mustertexten der internationalen historischen Moralistik lassen sich in den Werken finden, die Reise als Motiv und Erzählstruktur (»Die Fahrt«, »Wunderbare Jahre«) oder als Lebensmetapher verwenden (»Danke für das Leben«) und so die Erkenntnis- und Desillusionierungsstruktur von Jonathan Swifts Roman »Gullivers Reisen« (1726) fortschreiben. Andere Textsorten Bergs, für die treffende Bezeichnungen fehlen oder für die – unter Marketinggesichtspunkten? – gängige gewählt wurden (»Wie halte ich das nur aus«, »Wunderbare Jahre«, vor allem Texte ihrer Website oder die Online-Kolumnen), wären schlüssiger als »Aufzeichnungsliteratur« zu klassifizieren und weitere Beispiele für die literarische Rezeption der Moralistik.[19] »Aufzeichnung« meint dabei »gattungsübergreifendes Bauelement von Aufzeichnungssammlung einerseits und Aufzeichnungswerk andererseits«,[20] umfasst also sowohl Gattungen wie Aphorismus, Notiz, Gedicht, Tagebuch oder Kurzessay als auch deren Verbindung zu etwas Neuem.

Will man nicht konkret genrepoetisch argumentieren, sondern typologisch, so bietet sich dazu Karlheinz Stierles Konzept der Verbindung von

»negativer Anthropologie und funktionalem Stil«[21] an. In seiner bis heute grundlegenden Arbeit zur französischen Klassik versteht der Romanist diese aufeinander zu beziehenden Kriterien als »das grundlegend Neue im epochalen Zusammenhang der französischen Klassik«[22] und als bestimmenden Faktor ihrer Literarität,[23] indem die Radikalität der Frage nach dem Wesen des Menschen glaubwürdig nur in neuen literarischen Formen formuliert werden könne, sodass die negative Anthropologie (der französischen Klassik) auch nicht als »Lehre« aufzufassen sei, sondern als »eine Bewegung, die sich eine Sprache sucht, in der sie sich darstellen kann«.[24]

»Negative Anthropologie« konzipiert Stierle in Analogie zur negativen Theologie (der Jansenisten) und resümiert so die Menschenkunde der Moralistik, die auf dem Konzept eines »dezentrierten Subjekts«[25] fußt und in der französischen Literatur seit Montaigne im Bemühen um eine realistische Anschauung vom Menschen in seiner Lebenswelt betrieben wird:[26] »Auf die Frage, was der Mensch sei, geben die großen Werke dieser Epoche keine Antwort. Ihre Antworten sind scheinhaft, es sind immer neue Metaphern der Frage selbst. Die Unlösbarkeit der Frage nach der menschlichen Natur ist ihr eigentliches Thema. Jede Antwort ist vordergründig, ist nur ein Innehalten vor einer tiefer liegenden Frage. Es bietet sich an, diese Reflexionsbewegung, in der das Denken wie die Imagination der französischen Klassik stehen, in Analogie zum Begriff der negativen Theologie als negative Anthropologie zu bezeichnen.«[27]

Historisch fundiert, wenn nicht gar bedingt, sieht Stierle die Denkbewegung negativer Anthropologie durch »eine Situation des prinzipiellen Orientierungsverlusts« und »die neue Erfahrung der kosmologischen Dezentriertheit des Menschen im All«,[28] auf die die französischen Moralisten Pascal und La Rochefoucauld unterschiedliche Antworten in verschiedenen Textsorten suchen, die für Stierle dem ›funktionalen Stil‹ angehören, einer in der damaligen französischen Literatur neuen, direkten und (vergleichsweise) uncodierten Form des literarischen Sprechens, denn: »Die Sprachbewegung der negativen Anthropologie ist nur als ein Sprachspiel möglich. Denn nur als dieses vermag sie sich aus dem Blendwerk subjektiver Perspektivität zu lösen.«[29]

Was Stierle an Textsorten wie den Pensées, Maximen und Reflexionen oder Porträts als Variationen offener Denkbewegungen illustriert, lässt sich als Arbeitshypothese auch produktiv aufs Bergs narrative Texte anwenden: Löst man sie von den Genreerwartungen der Romanpoetik, entwickeln die Einzeltexte einen deutlich weiteren Wirkhorizont (und erführen eine angemessenere literarische Wertung), und das intermediale Zusammenspiel mit den Kolumnen, Internet- und Moderationstexten der Autorin erhält den Rang eines literarisch-philosophischen Projekts jenseits der ihr attestierten autofiktionalen Selbstinszenierung und Vermarktung.[30]

Themen und Verfahren: literarische Milieustudien – Beobachtung –
Analyse – Dekuvrierung

Zentral und, bei allen Schwierigkeiten einer konzisen Definition moralistischer Schreibweisen,[31] unstrittig gehören die Beobachtung, Beschreibung
und Analyse von Sitten und Gebräuchen (lat. *mores*) zu den namengeben-
den Charakteristika der europäischen Moralistik des 16. bis 18. Jahrhunderts. Deren philosophischer Rückbezug auf die Ethik der Antike und den
Humanismus verbindet sich historisch mit den ihr zeitgenössischen soziolo-
gischen Beobachtungen der höfischen Gesellschaft als einer auf Schein und
Repräsentation gründenden Sozietät, deren größte Macht im Ausschluss
jener beruhte, die das Regelwerk von Etikette und Comment nicht be-
herrschten. Mit ihrem Untersuchungs- und Beobachtungsgegenstand teilen
die Moralisten das Interesse an gesellschaftlichen Verhaltensnormen, die
neben den juristischen und ethischen als dritte – und vielleicht maßgebli-
che – Nomenklatur angesehen werden.

Hat man den Mut zu einer groben strukturellen Analogisierung (menta-
litäts-)historischer Gegebenheiten, so kann man als zeitgenössisches Pen-
dant zu den grundlegenden Veränderungen, die Stierle für die Epoche der
französischen Klassik als Voraussetzungen einer negativen Theologie und
vor allem Anthropologie anführt, die politischen und sozialen Umbrüche
im Gefolge des Mauerfalls, der Globalisierung, inklusive eines globalen Terrorismus, und der Digitalisierung ansehen. Frank Degler liest Bergs literarische Darstellung der historischen Ereignisse rund um die Wiedervereini-
gung sowie der negativen Folgen des westlichen Kapitalismus vor der
biografischen Folie von Berg als (Post-)DDR-Autorin; der zynische Schreibimpuls ergäbe sich dann aus dem desillusionierten Blick der ostdeutsch
Sozialisierten, die in ihren Texten seit 2004 (»Ende gut«) eine »Experimentalpoetik u-topischer Neuanfänge« entwickle.[32] Vieles, was Degler attestiert,
ließe sich auf spätere Texte übertragen; doch wird vor allem an »Danke für
das Leben« deutlich, dass Sozialismus, Kapitalismus und dystopische
Zukunftsszenarien gleichermaßen dem desillusionierenden Blick ausgesetzt
sind: Ent-Täuschung ist das Master-Narrativ des Romans und seine fast
penetrante Rezeptionsanweisung.

Alltagsweltliche Rituale, milieuspezifische Redeweisen, Kleidungs-, Wohn-
und Konsumvorlieben sind in Bergs Werk allgegenwärtig; sie bilden das
zeitgenössische Regelwerk des Comments, die ungeschriebene Nomenklatur für gesellschaftliche In- und Exklusion. Auch die literarische Funktion
von digitalen Markenrequisiten oder Luxusartikeln geht über reine Hinter-
grundillustration oder die Evokation eines Wirklichkeitseffekts weit hinaus.
Am deutlichsten wird das in »Die Fahrt« (2007) und »Wunderbare Jahre«,
die strukturell der ethnografisch-soziologischen Beschreibung nahestehen.

Während »Die Fahrt« an die Darstellungsmuster der frühen Bücher (»Ein Paar Leute …« und »Sex II«) anknüpft und einen Reigen von Figuren präsentiert, die, nur mit Vornamen und ikonischen Sozialmarkern versehen, als Repräsentanten ihres Milieus, ihrer Berufsgruppe und Alterskohorte in schlaglichtartigen Befindlichkeitsvignetten auf ihrer Suche nach Lebenssinn präsentiert werden, stiftet im vorgeblich touristischen Reisebericht »Wunderbare Jahre« ein Erzählerinnen-Ich ein Kontinuität spendendes Bewusstsein, in dem sich die Erfahrungen der Reisen spiegeln oder mögliche Biografien von in der Fremde Ansässigen imaginiert werden. Dient hier das Erzählerinnen-Ich als Folie naiver versus sentimentalischer Welterfahrung und ermöglicht so die Kontrastwirkung, die im Sinne der Desillusionierung eingesetzt wird (vgl. dazu unten), so braucht der Roman »Danke für das Leben« für die Gegenüberstellung von Gut und Böse, Hoffnung und Enttäuschung, naiver Güte und abgefeimter Boshaftigkeit eine Art Schelmenroman-Konstruktion, nur dass der Held Toto als Hermaphrodit und Waise, Ex-DDRler und Halbkünstler aus den Rastern jeder bürgerlichen oder funktionalen Zuordnung fällt, auch aus denen der Genregesetze: Sein Lebensweg führt ihn zwar durch Deutschland und dessen Geschichte im 20. und 21. Jahrhundert, doch fungiert Toto eher als Spiegel, in dem sich das Bild der Welt bricht, denn als aktiver Held, gewitzter Antiheld oder expliziter Kommentator. In seinem geduldigen Erleiden und der durch schlechte Erfahrung nicht zu belehrenden Güte gleicht er Dostojewskis »Idiot«[33] und dem tumben Tor Parsifal, dessen Weltfremdheit hier auf die Auswüchse des dahindarbenden DDR-Sozialismus stößt und später auf Profitstreben und Kaltherzigkeit des wiedervereinigten Deutschlands.

Die Perspektive des in mehrfacher Hinsicht sozial Unerfahrenen und sich kategorial der binären Zuordnung (männlich – weiblich; jung – alt) Entziehenden ermöglicht einen ungetrübten und zugleich neugierig sezierenden Blick auf die Lebens- und Verhaltensweisen der Menschen, das Funktionieren von Institutionen und politischen Systemen, Kunstmarkt und Alternativszene, Liebesbeziehungen, Konkurrenz- und Freundschaftskonstellationen. Zugleich stellt sie die Erzählinstanz vor das Problem, die Figur nicht (immer) allein lassen zu können, eben weil sie vieles nicht einordnen kann. So heißt es bei der Ankunft Totos in seiner Pflegefamilie: »Toto begriff mit Verzögerung, dass er gemeint war. Die Frau trug er immer noch im Arm, ihre Beine schleiften wie Pfeifenreiniger über den Boden. Es wird nicht leicht werden die nächste Zeit, denn da sind wieder Menschen, die nicht in guter Form erwachsen geworden sind. Die nicht verstanden haben, dass man für sein Leben zuständig ist. Die neuen Eltern wirken wie Sechzigjährige, sie waren wohl Ende dreißig.«[34]

Generalisierungen, Sentenzenhaftes und der Zug zur anthropologischen Reflexion sind im Horizont des realistischen, burlesken oder auch psychologischen Romans nicht wirklich überzeugend aus der Figurenperspektive zu entwickeln beziehungsweise in sie zu integrieren; rückt man »Danke für das Leben« indes in die Perspektive eines moralistischen Forschungsunternehmens, so wird deutlich, wozu es die – nicht nur psychologisch – unwahrscheinlichen Konstruktionen braucht.[35]

Als zeitgenössischer ›Brauch‹ spielt Tourismus im Zuge weltweiter Mobilität eine zentrale Rolle in Bergs Texten.[36] Das Motiv erlaubt es, Exotismus als Thema und Erzählweise zu variieren, indem einerseits im scheinbar Fremden das Vertraute wiedergefunden wird (»Die Fahrt«, »Der Mann schläft«, »Der Tag, als meine Frau einen Mann fand«) und die verschiedenen, mit der Fremde ikonisch verbundenen Versprechen enttäuscht werden: das materielle Erfolgsversprechen ›Amerika‹ im gleichnamigen Roman, das spirituelle Angebot ›Asien‹[37] (»Der Mann schläft«, »Der Tag, als meine Frau einen Mann fand«) und schließlich das familiär-existenzielle Angebot einer Verwurzelung in Israel (»Wunderbare Jahre«), das von Terroranschlägen bedroht und durch die Gleichgültigkeit Europas aufs Spiel gesetzt wird. In der Abfolge und Ablösung dieser exotischen Sinnangebote spiegelt sich zugleich ein Teil der Kultur- und Mentalitätsgeschichte der (intellektuellen) BRD von den 1950er Jahren bis in die Gegenwart.

Andererseits ermöglicht das Tourismus-Motiv unter ethnologischen Vorzeichen eine Art verfremdete und damit geschärfte Wahrnehmung Deutschlands und spezifischer Milieus; als Variationen von »Binnenexotismus«[38] zeigen Milieu- und (Sub-)Kulturstudien Lebensweisen, deren Interesse aus der starken Differenzierung und Pluralisierung der Lebensstile erwächst.

Das Spezifische moralistischer Anthropologie liegt indes in jenen Aspekten, die über Beobachtung und Beschreibung hinausgehen und als Analyse zur Dissimulation, zur Aufdeckung wahrer Gegebenheiten, das heißt vor allem menschlicher Beweggründe, und damit Ent-täuschung falschen Scheins, unangemessener Erwartung und besonders der Selbsttäuschung dienen.

Schon in »Sex II« hat Berg dieses Verfahren nicht nur angewendet, sondern offensiv zur Poetik erhoben – indem die Erzählinstanz plötzlich durch Wände und in Köpfe sehen kann, wird sie zur unfreiwillig All-Sichtigen und zum Opfer des ›Blicks hinter die Kulissen‹. Damit reagiert Bergs Erzählverfahren (und dessen Anspruch) auf die (barocke) *theatrum mundi*-Topik, in der Bühne und Maske jene Scheinrealität verkörpern, in der es mitzuspielen gilt, was paradoxerweise voraussetzt, sie als Scheinwelt zu durchschauen. Berg reiht sich so früh, wie Degler[39] mit Rekurs auf Claudia Wittrocks Arbeit ausführt, ein in die »Tradition moralischer Erzählexperimente (…): Alain-René Lesages ›Der hinkende Teufel‹ (1707) (Le Diable boiteux), welcher die Dächer Madrids anhebt und so dem Erzähler einen Blick auf die Sündhaftigkeit der Stadt ermöglicht, prägte dieses Motiv nachhaltig für die europäische Literatur.«[40]

Die Technik des ›Durchschauens‹ der Dissimulation, die als solche vorgeführt wird und vorgeführt werden muss, um wirksam sein zu können, bestimmt Bergs Narrativik und Essayistik bis heute. Sie nutzt dazu Erzählformen wie die Selbstentlarvung der Ich-Perspektive und kontrastive Strukturen, die es ermöglichen, Erwartungen aufzubauen, die dann als Täuschungen durchschaut werden. Dazu dienen etwa Gender-Multiperspektivik (»Der Tag, als meine Frau einen Mann fand«), die sich wechselseitig relativiert oder ›entlarvt‹, Frage-Antwort-Dialogizität (»Wie halte ich das nur alles aus?«), die lose an die Technik ›falscher‹ Epistolik anknüpft (Pascals »Lettres Provinciales«[41]), sentimentalische Dialektik des Vorher-Nachher (»Der Mann schläft«), in der der Wert unspektakulärer (und leidenschaftsloser!) Zweisamkeit erst nach deren Verlust erkannt und gefeiert werden kann und zuglcich in der Gegenwart – quasi naturgemäß – verfehlt wird; die Eigen-Fremd- und Früher-Heute-Dialektik (»Wunderbare Jahre«) wird am Thema Reisen als Verlust von Authentizität und Begeisterungsfähigkeit der Reisenden und ihres naiven Blicks inszeniert, indem die Reiseerfahrungen der 1990er Jahre durch tagesaktuelle Postscripta mit Nachrichten über Naturkatastrophen, Terroranschläge, Vergewaltigungen und so weiter überschrieben und ›korrigiert‹ werden.

Hinzu kommen Dissimulationskonstellationen, die in Figurentypen wie der alternden Frau (»Der Mann schläft«), der Briefkastentante (»Wie halte ich das nur alles aus?«), gesellschaftlichen Außenseitern und Freaks (»Danke für das Leben«, »Der Mann schläft«, »Wunderbare Jahre«) biografisch konkretisiert werden.

In der Summe mag dies erklären, warum die Freude an der Medisance der Erzählkommentare, an Einsicht und Denkbewegung doch ein dumpfes Vergnügen bleibt und die Leseerfahrung wie mit Mehltau überzieht: Schon Friedrich Nietzsche vergleicht »La Rochefoucauld und jene anderen französischen Meister der Seelenprüfung« mit »scharf zielenden Schützen«, »welche immer und immer wieder ins Schwarze treffen, – aber ins Schwarze der menschlichen Natur«.[42] Solche Treffer schmerzen mehr als sie freuen, vor allem bei Dauerbeschuss.

1 Diese Zäsur fällt mit dem Wechsel der Autorin zum Hanser Verlag zusammen; ob es sich dabei um eine reine Koinzidenz oder um eine Neuausrichtung des literarischen Programms und der Autorinneninszenierung sowie eine Adaptation an die nunmehr demografisch und soziologisch gesetzte Zielgruppe handelt, sei dahingestellt. Frank Degler hat auf die zunehmende Thematisierung der DDR-Vergangenheit der Autorin in den Texten seit »Ende gut« (2004) hingewiesen; auch dieser Aspekt der biografisch-historischen Reflexion markiert einen Einschnitt in der Werkbibliografie. Frank Degler: »Figurationen des Abschieds: Sibylle Bergs Experimentalpoetik u-topischer Neuanfänge«, in: »Gegenwartsliteratur« 8 (2009), S. 122–147). In der (fach-)öffentlichen Wahrnehmung der Autorin hat sich eine Zuordnung zur (Post-)DDR-Literatur nicht durchgesetzt; denn nach ihrer Kanonisierung als BRD-Popautorin (vgl. ebd., S. 122) ist mit dem Band »Sibylle Berg. Romane. Dramen. Reportagen und Kolumnen«, hg. von Anett Krause und Arnd Beise, Frankfurt/M. 2018, ein Versuch erkennbar, Berg ihrer inzwischen langjährigen Wahlheimat entsprechend als ›schweizer-deutsche‹ Autorin zu lesen. — **2** Sibylle Berg: »Wie halte ich das nur alles aus? Fragen Sie Frau Sibylle«, München 2013. — **3** Sibylle Berg: »Vielen Dank für das Leben. Roman«, München 2012, S. 104. — **4** Sibylle Berg: »Der Mann schläft. Roman«, München 2009, Klappentext. — **5** Sibylle Berg: »Wunderbare Jahre. Als wir noch die Welt bereisten«, München 2016, S. 127–138. — **6** Berg: »Der Mann schläft«, Klappentext. — **7** Peter Werle: »Moralistik«, in: Harald Fricke (Hg.): »Reallexikon der deutschen Literaturwissenschaft. Bd. 2: H–O« Berlin, New York 2000, hier S. 633. — **8** Ähnlich urteilt, vor einem anderen Argumentationshintergrund, auch Degler: »Die zynische Erzählhaltung in Bergs Text zwingt die Leserinnen und Leser zu einer second-order-observation, in der diese Erkenntnis [d. i. die Aussichtslosigkeit der ›Glücks‹-Suche im neoliberalen System, AP] wiederum auf das eigene Leben zurück übertragen wird.« Degler: »Figurationen des Abschieds«, a. a. O., S. 126. Auch Schindhelm urteilt, bezogen auf den Roman »Amerika«, »dass sich hinter Bergs misanthropischer Kälte eine Moralistin zu Wort meldet«. Michael Schindelm: »Sibylle Berg«, in: Thomas Kraft (Hg.): »Lexikon der deutschsprachigen Gegenwartsliteratur«, Bd. 1, München 2003, S. 107 f. Angesichts des deutschen Konzepts von ›Moralist‹ (vgl. unten) bleibt indes offen, ob hier auch ein Bezug zur Moralistik hergestellt werden soll. — **9** Vgl. Angelika Baier: »Affective Encounters and Ethical Responses in Robert Schneider's Die Luftgängerin and Sibylle Berg's Vielen Dank für das Leben«, in: »Edinburgh German Yearbook« 7 (2013), S. 85–100, bes. S. 85. — **10** Beide werden intermedial, etwa auf der Website der Autorin (www.sibylleberg.com/en) oder in dem ihr gewidmeten Dokumentarfilm »Wer hat Angst vor Sibylle Berg« (2016) (www.sibylle-berg-film.de) zugleich unterlaufen, indem Luxus, Anspruchsdenken und Medienaffinität als Charakteristika der Kunstfigur ›Frau Berg‹ inszeniert werden. — **11** Werle: »Moralistik«, a. a. O., S. 634. — **12** ›Ecrivain qui observe, décrit et analyse les mœurs, les passions d'une époque‹. Vgl. ebd., S. 634. — **13** Vgl. Hugo Friedrich: »Montaigne«, Bern, München 1967, S. 168; zit. nach Werle: »Moralistik«, a. a. O., S. 634. — **14** Werle: »Moralistik«, a. a. O., S. 634. — **15** So etwa Degler, wenn er für eine Neulektüre auch der frühen Texte plädiert, »hinter deren radikalem Zynismus plötzlich die ostdeutsche Sozialisation der Autorin als Schreibimpuls beobachtbar« werde. Degler: »Figurationen des Abschieds«, a. a. O., S. 122. — **16** Werles Urteil: »Derzeit [d. i. im Jahr 2000, AP] dient ›Moralistik‹ als Sammelbegriff für eine Vielzahl unterschiedlicher Schriften im Grenzbereich von Philosophie und Literatur; eine überzeugende analytische Verwendung ist dabei nicht erkennbar.«, lässt sich als Desiderat verstehen, konzisere Kriterien, auch formalästhetischer Natur, zu entwickeln. Zugleich macht die Verwendung von Moralistik als ›Sammelbezeichnung‹ ihre Verwendung im Kontext von Bergs Gesamtwerk geradezu zwingend. — **17** Werle: »Moralistik«, a. a. O., S. 634 (mit Rekurs auf Friedrich: »Montaigne«). — **18** Friedrich: »Montaigne«, S. 168; zit. nach Werle: »Moralistik«, a. a. O., S. 634. — **19** Vgl. dazu Susanne Niemuth-Engelmann: »Alltag und Aufzeichnung. Untersuchungen zu Canetti, Handke und Schnurre«, Würzburg 1998. — **20** Ebd., S. 15. — **21** Karlheinz Stierle: »Die Modernität der französischen Klassik. Negative Anthropologie und funktionaler Stil«, in: Fritz Nies / Ders. (Hg.): »Französische Klassik«, München 1985, S. 81–128. — **22** Ebd., S. 84. — **23** Vgl. ebd., S. 91. — **24** Ebd., S. 84. — **25** Ebd., S. 108. — **26** Josef Rattner / Gerhard Danzer: »Europäische Moralistik in Frankreich von 1600 bis 1950. Philosophie der nächsten Dinge und der alltäglichen Lebenswelt des Menschen«, Stuttgart 2006, S. 42. — **27** Stierle: »Die Modernität der französischen Klassik«, a. a. O., S. 83. — **28** Ebd., S. 87. — **29** Ebd., S. 96. — **30** Vgl. Carolin John-Wenndorf: »Der öffentliche Autor«, Bielefeld 2011; oder Ella M. Karnatz: »›Ich kann ja gar kein Buch schreiben‹. Schriftstellerische Inszenierungen in deutschen Late-Night-Shows«, in: Sabine Kyora (Hg.): »Subjektform Autor. Autorschaftsinszenierungen als Praktiken der Subjektivierung«, Bielefeld 2014, S. 267–280. — **31** Vgl. dazu Werles Klage darüber, »eine überzeugende analytische Verwendung« des Begriffs Moralistik sei »nicht erkennbar«. Werle: »Moralistik«, a. a. O., S. 636. — **32** Degler: »Figurationen des Abschieds«, a. a. O., S. 122–147. — **33** Vgl. etwa Berg: »Danke für das Leben«, a. a. O., S. 69. — **34** Ebd., S. 84. — **35** Vgl. hierzu ausführlicher Alexandra Pontzen: »›Fragen Sie Frau Sibylle‹: Die Autorin als Tante und Autorität – Weibliche Popästhetik, Ältlichkeit und Ironie als (schweizer-)deutsche Spielart von camp«, in: Anett Krause / Arnd Beise (Hg.): »Sibylle Berg. Romane. Dramen. Reportagen und Kolumnen«, Frankfurt/M. 2018. S. 17–38. — **36** Vgl. Jürgen Link: »Immer nach Süden: (Nicht) normale Fahrten über die Grenzen von Normalitätsklassen (mit einem Blick auf Sibylle Berg, Jean-Marie Gustave Le Clézio und Güney Dal)«, in: Wilhelm Amann / Georg Mein / Rolf Parr (Hg.): »Globalisierung und Gegenwartsliteratur. Konstellationen – Konzepte – Perspektiven«, Heidelberg 2010, S. 29–39. — **37** Vgl. dazu Degler: »Figurationen des Abschieds«, a. a. O., S. 138. — **38** Der Begriff des Binnenexotischen geht auf Hermann Bausinger zurück, vgl. hierzu seine Publikationen »Fremde Nähe. Auf Seitenwegen zum Ziel. Essays«, Tübingen 2002, sowie »Volkskunde. Von der Altertumsforschung zur Kulturanalyse«, Tübingen [11]1999, bes. Kap. »Folklore als Gegenwelt«. — **39** Vgl. Dengler: »Figuration des Abschieds«, a. a. O., S. 127. — **40** Claudia Wittrock: »Anders sein – echt sein, Zur Attraktivität des versehrten Körpers in der jungen deutschen Gegenwartsliteratur«, Bremen 2000, S. 53. — **41** Dazu Stierle: »Die Modernität der französischen Klassik«, a. a. O., S. 89: »Schon in den ›Lettres Provinciales‹ hatte Pascal den theologischen Diskurs des Jesuiten ironisch zunichtewerden lassen an der ›naiven‹, unmarkierten Rede des theologischen Laien, der nichts als seine eigene Erfahrung und sein natürliches Urteil ins Spiel bringt. Indem der jesuitische Gesprächspartner mit der scheinbaren Überlegenheit seines theologischen Wissens sein Gegenüber belehrt, entlarvt er sich aber in seiner blinden Überheblichkeit, die ihn zu absurden Konsequenzen seiner Argumentation treibt.« — **42** Friedrich Nietzsche: »Menschliches, Allzumenschliches«, in: Ders.: »Werke in 3 Bänden«, hg. von Karl Schlechta, Bd. 1, München 1954, S. 476; Jean Starobinski: »La Rochefoucauld et les morales substitutives«, in: »La Nouvelle Revue Française« 14 (1966), S. 16–34, 211–229, hier S. 211, zit. nach Stierle: »Die Modernität der französischen Klassik«, a. a. O., S. 95.

Julia Schöll

On the road

Transzendentale Trostlosigkeit in Sibylle Bergs Roman »Die Fahrt«

»Habe ich noch ein Ziel? Einen Hafen, nach
dem mein Segel läuft?«
Nietzsche: »Also sprach Zarathustra«

»ach, vergeblich das Fahren!
Spät erst erfahren Sie sich:
bleiben und stille bewahren
das sich umgrenzende Ich.«
Gottfried Benn: »Reisen«

»Die Fahrt« (2007) ist ein episodisch erzählter Roman über das Unterwegssein, das Reisen und seine Vergeblichkeit, ein Text über Bewegung, der
bezeichnenderweise mit einem Stillstand beginnt und endet: dem Tod. Im
ersten der vielen Kurzkapitel des Romans stirbt Gunner Gustafsons Frau
Gabriella in einem Holzhaus in Reykjavík, das die beiden kurz zuvor bezogen haben, an Krebs. Gunner, fassungslos und zunächst auch bewegungs-
unfähig ob dieses Verlustes, gerät am Ende dieses ersten Kapitels in Bewegung: »Er würde einfach gehen, die Tür offen lassen, das Haus würde
langsam zugrunde gehen. Sehr langsam.« (F 14)[1] In der letzten Episode des
Romans bewohnen Frank und Ruth, die einander nach langem Irren und
Zögern endlich gefunden haben, das Holzhaus, das auch ihnen kein Glück
bringt: Benebelt vom schmerzstillenden Morphium stirbt Frank am Ende
an der Seite Ruths, ebenfalls an Krebs.
Über den Optimismus des Textes ist damit eigentlich alles gesagt. Hat
man den perfekten Ort und den perfekten Menschen gefunden – was hier
ganz offensichtlich zusammenhängt –, ist auch schon Schluss, endgültig.
Zwischen diesem ›Schluss‹ zu Beginn und jenem am Ende herrscht in »Die
Fahrt« eine Ruhelosigkeit, die zwischen hektischer Verzweiflung und ange-
spannter Lähmung changiert. Alle hier versammelten Protagonisten sind
unterwegs, niemand kommt jedoch wirklich an. Die Gründe hierfür sind
jeweils divers, wirken indes immer gleichermaßen fatalistisch: eine Grundhaltung, die nicht nur für diesen, sondern für all diejenigen Romane Sibylle
Bergs gilt, in denen Menschen *on the road* sind (u. a. »Der Tag als meine
Frau einen Mann fand«, »Vielen Dank für das Leben«, »Der Mann schläft«,

»Ende gut«, »Amerika«, »Sex II«, »Ein paar Leute suchen das Glück und lachen sich tot«) – somit für auffallend viele, wenn nicht gar alle ihre Romane. Inwiefern sich daraus ein Programm, eine literarische Ästhetik des Unterwegsseins ableiten lässt, die in eine transzendentale Aporie mündet, soll im Folgenden anhand des Topos des Reisens in »Die Fahrt« untersucht werden.

Raum und Bewegung

Die zweite der 79, nur locker verbundenen Episoden zeigt Frank noch in der Hauptstadt lebend. Er bildet insofern den Ausgangspunkt des weiteren Geschehens, als er die zentralen Protagonisten (Peter, Pia, Helena, Miki) aus Berlin kennt und nun Ruth trifft, die Frau seines Lebens, mit der er nicht mehr gerechnet hat und in deren Armen er am Ende sterben wird. Doch zuvor wird sie noch durch die Welt ziehen, zunächst zu ihrem aktuellen Freund nach Tel Aviv, dann nach Wien, Neu-Ulm, Paris und schließlich Reykjavík.

Im Zentrum des Episodenromans stehen sechs Figuren, alle im besten Midlife-Crisis-Alter, um deren Unterwegssein eine Vielzahl von Nebenfiguren gruppiert ist, wobei die Enden der Geschichten jeweils nur lose verknüpft sind. Frank selbst, der das statische Zentrum des Geschehens bildet, kann das hektische Herumreisen seiner Freunde und Bekannten nicht nachvollziehen: »Franks ehemaliger Freund Peter (…) war durch die halbe Welt gefahren und immer unglücklich. Nie stimmten die Orte mit den Bildern in seinem Kopf überein. Schweine.« (F 16) Frank selbst versetzt die Vorstellung des Reisens eher in Panik, es gibt für ihn in der Welt keine neue Identität zu entdecken, die sich wesentlich von der in der Heimat unterscheiden würde. Erst nach geraumer Weile wird er sich entschließen, die Einladung eines Kollegen nach Reykjavík anzunehmen, »denn er hatte das Gefühl, dass er sich in irgendeine Richtung bewegen müsste« (F 200).

In »Die Fahrt« sind Menschen unablässig unterwegs, was eine Klassifizierung als Reiseroman nahelegt. Das »Metzler Lexikon Literatur« definiert den Reiseroman als »Form des Romans, die durch die Bewegung durch den Raum konstituiert ist. Die Bewegung erscheint als ein das Geschehen formierendes und narrativ verknüpfendes Leitmotiv. Wie beim Reisebericht liegt auch beim R(eiseroman) der Reiz in der Konfrontation des Eigenen mit dem Fremden; strukturell besteht eine häufig zu findende Übereinstimmung in dem dreiteiligen Muster des Auszugs, der ›Er-Fahrung‹ der Welt und der Heimkehr.«[2] Vor dem Hintergrund dieser konstruktiv gedachten und an die Idee der ›Entwicklung‹ und ›Bildung‹ anknüpfenden Gattungsdefinition, erscheint der Roman »Die Fahrt« eher als Persiflage, wenn nicht gar als Antimodell seiner Gattung, deren Merkmale er zwar auf den ersten Blick erfüllt, zugleich jedoch unterminiert.

Ohne Zweifel wird in diesem Roman Bewegung erzählt, sie erscheint hier als »formierendes und narrativ verknüpfendes Leitmotiv«, das die Episoden zusammenhält. Allerdings ist die Bewegung der Protagonisten eher ein impulsives Unterwegssein denn ein strukturiertes und auf ein Ziel ausgerichtetes Reisen. Wo sie sich befinden, scheint beliebig, die Orte austauschbar. Auch sind sie immer schon da, bereits vor Ort, Abfahrten und Ankünfte spielen kaum eine Rolle. Die Protagonisten sitzen nicht erwartungsfroh auf Flughäfen, Bahnhöfen oder Autobahnraststätten, sondern in trübsinnigen Apartments und eher schäbigen Hotelzimmern, wobei offenbleibt, wie sie dorthin gekommen sind und vor allem, warum. Wenn, wie im Fall Helenas, vom Warten in einer Abflughalle erzählt wird, verstärkt dies nur den Eindruck der vollständigen Vergeblichkeit, der all diesem Reisen innewohnt.

Auch ›Eindrücke‹ im eigentlichen Sinne gibt es für diese Reisenden nicht zu verarbeiten: Weder von den Landschaften noch von den Städten oder Behausungen wird Genaueres berichtet. Die Eröffnungsepisode in Reykjavík beginnt mit einer Beschreibung, die keine ist: »Es war die Jahreszeit, da es nur vier Stunden ein schwaches Licht gab in Island. Seit Tagen wehte ein properer Wind, der pfiff und heulte, der machte die Welt klappern und die Stille noch klarer, die in Gunners Haus herrschte.« (F 11) Das ist alles, was die lakonische Erzählinstanz über den Ort berichtet, an dem Gunnars Frau gerade gestorben ist und an dem auch Frank sterben wird. Weder wird hier, wie etwa bei Klaus Böldl[3], die raue Landschaft Islands so eindringlich beschrieben, dass sie selbst zum Protagonisten avanciert, noch ist Genaueres über das Haus zu erfahren, in dem die beiden Menschen sterben. Es ist lediglich »Gunners Haus«, als sei mit dieser Zuschreibung alles Notwendige gesagt, als bestünde das zentrale Charakteristikum dieses Hauses darin, Gunner zu gehören. Die Abwesenheit genuiner Beschreibung in der zitierten Passage erscheint umso sinnfälliger, als sie im letzten Kapitel des Romans wörtlich wiederholt wird – auch für die neuen Bewohner, Frank und Ruth, scheint dieser Ort nichts Spezifisches zu haben, auch wenn Frank »Gunners Haus« in der wörtlichen Rede als »unser«, also seines und Ruths Haus bezeichnet, als wäre er in diesem Punkt mit der Erzählinstanz uneins (F 343).

Landschaft ist in diesem Text kein Raumphänomen, sondern dient allenfalls der Zuschreibung psychischer Befindlichkeiten, wie etwa bei Miki, die in Venice Beach, direkt am Ozean wohnt: »Abends hatte Miki oft dieses Gefühl, das nur stattfindet, wenn Menschen sich in der Natur aufhalten. Dieses freundliche Sich-Auflösen im Nichts, das warm ist, ohne Körper und Ego.« (F 83) Naturerfahrung bildet hier nicht den Ausgangspunkt von Selbstfindung, allenfalls von Selbstauflösung. Vor diesem Hintergrund erscheint auch das Reisen als vergeblich hinsichtlich eines wie auch immer gearteten transzendentalen Interesses oder des Wunsches nach ›Selbstfindung‹.

Der Roman erzählt Unterwegssein in Form von Stationen, nicht in Form des Reisens selbst: Die erste Episode beginnt wie die letzte, als müsse die Erzählinstanz noch einmal darauf hinweisen, dass sich im Verlauf des Romans nichts verändert hat, keinerlei Entwicklung erkennbar ist, wie sie die dreiteilige Matrix der Gattungsdefinition – Auszug, Erfahrung, Heimkehr – suggeriert. Auch die »Konfrontation des Eigenen mit dem Fremden«, die (laut Definition) den eigentlichen Reiz des Reiseromans ausmacht, findet hier nicht statt. Die Reisenden aus dem prosperierenden Nord-Westen bewegen sich im ärmeren Süden und Osten, ohne dass es zu wirklichen Begegnungen käme. Selbst wenn man, wie Helena, mit dem Vorsatz unterwegs ist, »zu leben wie die Eingeborenen« (F 27), und mit einem Indio in eine Goldgräberkolonie im brasilianischen Dschungel zieht, gibt es dort nichts zu erfahren oder zu entdecken als abgrundtiefes menschliches Elend und die eigene hilflose Ignoranz gegenüber diesem Elend.

Sibylle Bergs Erzählen verweigert sich konsequent jeglicher Form von Reiseromantik. Das Verhältnis der Figuren zum Raum erscheint fast beliebig – in einem luxuriösen Penthouse kann man sich ebenso einsam fühlen wie in einem schäbigen Hostel. Wo ein heimeliger Raum wie Gunners Haus angedeutet wird, taugt er allenfalls zum Sterben. Gleichwohl gibt es in diesem Text eine Art Hierarchie des selbst- wie fremdinduzierten Leidens, das alle Protagonisten betrifft, von der im Folgenden zu handeln sein wird und in der sich, auf den ersten Blick, eine moralische Dimension des Textes zu offenbaren scheint.

Reisen, Tourismus und die Identität des Subjekts

»Die Fahrt« operiert auf den ersten Blick mit den im Kontext des Reisens durchaus vertrauten, binären Oppositionen: indigen/fremd, nah/fern, arm/reich, drinnen/draußen, mobil/statisch, Ost/West, Nord/Süd, etc., hier noch ergänzt um den Dualismus weiblich/männlich, der aus allen Texten Bergs, im Kontext der Reiseliteratur im Allgemeinen jedoch nur bedingt vertraut ist. In »Die Fahrt« reisen Männer anders als Frauen: noch planloser, rücksichtsloser und ergebnisloser.

In Umkehrung des historischen Phänomens der Entwicklung des Nomadentums zur Erschließung neuer Quellen der Lebenserhaltung, der dieses zu einem Topos der Armut macht, sind die modernen westlichen Nomaden reich und ungebunden, wenn auch Letzteres oft ungewollt. Die aus Deutschland stammenden Protagonisten in »Die Fahrt« sind, bis auf eine Ausnahme, unterwegs, weil sich ihnen da, wo sie sind, kein Sinn erschließt.

Einzig Frank verlässt Berlin eher unfreiwillig – jedoch nicht, weil ihm seine Heimatstadt so gut gefiele. Frank wäre keine Figur Sibylle Bergs, wäre er ›zuhause‹ besonders glücklich und würde er nicht ›die Heimat‹ ebenso skeptisch betrachten wie ›die Fremde‹: »Es wäre Frank nie eingefallen, Berlin als seine Heimat zu bezeichnen. (…) Die meisten seiner Bekannten hatten den Knall noch nicht gehört und warteten auf einen Ort, der nach ihnen verlangte. Irgendwas, das für sie bereitstünde und das sich um sie legen würde wie ein passender Mantel. Heimat findet man nicht im Internet oder durch verzweifeltes Herumgereise. Heimat ist für Menschen, die in Bergdörfern aufgewachsen waren.« (F 17)

Die ›Heimat‹ verweigert Sinn und Identität,[4] also begibt man sich in die Welt, um danach zu suchen; vergeblich, versteht sich. Damit gehören Bergs Protagonisten zur unangenehmsten Sorte der Reisenden, schlimmer als jeder Teilnehmer am Massentourismus: zu denjenigen nämlich, die sich selbst als anders als die klassischen Touristen wahrnehmen und das eigene Reisen für tiefschürfender halten als deren gesteuerte Bewegungsroutinen. Sie sind nicht im Urlaub, sondern ›unterwegs‹, nicht nur im realen, sondern auch im metaphorischen Sinne, wie es die Gattungsdefinition des Reiseromans suggeriert: als ein Unterwegssein zu sich selbst.[5] Das Selbst indes ist ein Ort, an dem sie niemals ankommen, zumindest die meisten von ihnen.

Der Reiseroman rückt *per definitionem* den Raum in den Vordergrund sowie das den Raum erlebende Ich.[6] Der klassische Tourist sucht – in mehr oder minder geschütztem Rahmen – neue Raumerlebnisse sowie die Begegnung mit dem Fremden, den Ausbruch aus dem Vertrauten und Gewohnten, ohne sich dabei jedoch ernsthaft in Gefahr zu begeben.[7] Sibylle Bergs Protagonisten sind somit keine Touristen im engeren Sinne: Natur, Landschaften, Städte, Kultur spielen so gut wie keine Rolle in den Episoden von »Die Fahrt«. Auf die ausgetretenen Touristenpfade begeben sich die Figuren nicht, vielmehr bewegen sie sich mitten in den fremden Gesellschaften; sie bewohnen Apartments und Häuser, keine Hotels; sie scheuen keine Gefahren, sind allein in den größten Städten der Welt; sie reisen in den tiefsten Dschungel, leben an Küsten, die von Tsunamis heimgesucht werden, und machen selbst vor Tschernobyl als Reiseziel nicht halt. Und doch, selbst wenn sie darauf treffen, *begegnen* sie nirgendwo ›dem Fremden‹, allenfalls dem Fremden in sich selbst – eine Begegnung, weit unheimlicher als es jeder Kontakt mit fremden und uns abstrus erscheinenden Riten und Gebräuchen je sein könnte.

Die Studien der klassischen Moderne zum Unheimlichen weisen auf die Verbindung des Unheimlichen zum Heimlichen und Heimeligen hin. Freuds prominente These lautet, dass einem im Unheimlichen das eigentlich Vertraute, doch Verdrängte entgegenkomme.[8] Im Unheimlichen begegnet dem Subjekt das wieder, was es erfolgreich verdrängt zu haben glaubt, ohne dabei einer realen Gefahr ausgesetzt zu sein – so wie für Bergs Protagonisten die größte Gefahr darin besteht, an jedem Ort der Welt mit der eigenen Unzulänglichkeit konfrontiert zu werden. Aus dieser Perspektive lassen sich Bergs Reiseepisoden eher der unheimlichen Literatur als dem Genre Reiseroman zuordnen. Peter, Helena, Miki und die anderen suchen in der Fremde, was ihnen zu Hause fehlt, ohne dabei auf etwas anderes zu treffen als die immer gleiche, unheimliche Leere. Ihr kompensatorisches Reisen wird dabei von der Erzählinstanz des Textes durchaus klischeehaft geschlechtlich kodiert: Die Reisenden suchen Nähe und Liebe (weiblich) oder Abenteuer und Sex (männlich), ein emotionales (weiblich) oder transzendentales (männlich) ›Zuhause‹. In beiden Fällen bleibt die Suche vergeblich, da man der eigenen Unzulänglichkeit nicht entkommt.

Bergs Romanfiguren reisen, weil ihnen sonst nichts zu tun übrigbleibt. Doch auch in das Schema des metaphysisch heimatlosen modernen Subjekts, dessen Ruhelosigkeit der eigenen Identitätskrise geschuldet ist, mögen sich diese Figuren nicht recht fügen. Der Topos der ›Unbehaustheit‹ des Subjekts erscheint zu hochtrabend für Menschen, die weder nach Erkenntnis noch nach Erleuchtung streben. Ihr Traum vom unverfälschten Dasein in der Fremde ist ebenso naiv wie der eines Paul Gaugin, doch ein kreatives Potenzial entwickelt sich hier nicht daraus, weder künstlerisch noch spirituell. Auch verbringen die Protagonisten nicht Postmoderne-affin ihre Zeit an Nicht-Orten, an Flughäfen und in Malls, vielmehr wird ihnen auch der schönste Ort zu einer Art Nicht-Ort, weil er keinerlei Bedeutung für ihre Identität gewinnt und die Erzählinstanz uns ebenso wenig Informationen über den jeweiligen Raum vermittelt, wie es bei der Beschreibung eines internationalen Flughafens nötig wäre. Vielmehr ist jeweils nach wenigen Worten bereits klar, in welchem Elend die Protagonisten gelandet sind.

Postkolonialismus und Globalisierung

Dass Reisen allein das Bewusstsein noch nicht erweitert, die Erkenntnis nicht fördert, stellt Bergs Roman überdeutlich aus. Sarkastisch wird hier der Gegensatz zwischen globalem Reisen und provinziellem Denken vorgeführt. Miki landet, nach Los Angeles, Hongkong und der Westküste der USA, wieder in ihrer durchaus provinziellen Heimat Israel. Immerhin ist sie unterwegs zu viel Geld gekommen, nur um jedoch festzustellen, dass dies bei der Sinnsuche wenig hilfreich ist und sie einen Menschen und Ort als ›Zuhause‹ bevorzugen würde. Mit dem attraktiven Jakob reist sie in eine esoterisch-alternative Feriensiedlung im Amirin, nahe des See Genezareth, um sich auch dort auf die Beschränktheit des eigenen Denkens reduziert zu sehen: »Sie war verliebt und an einem Ort, den sie sich schöner nicht hätte ausmalen können. Nun wartete sie, bis alles wieder furchtbar wurde, so wie es meist im Leben passiert.« (F 302) Verlassen von Jakob, zieht sie schließlich zu ihrer Schwester und teilt deren streng religiöses Leben einer orthodoxen Jüdin – ihr Reichtum und ihre Reiseerfahrungen münden in Provinzialität und die so lang vermisste zwischenmenschliche Nähe: »Miki würde in einem Zimmer bei ihrer Schwester wohnen, sie würde lange Röcke tragen, die Arme und den Kopf bedecken, sie würde ein neues Leben beginnen, und sie freute sich darauf. Denn sie würde es nicht alleine tun.« (F 339)

Peter führt auf Sri Lanka ein esoterisches Hotel für ›alternative‹ Touristen, die er zutiefst verachtet. Bei dem Tsunami, den er nur knapp überlebt, verliert er alles und begibt sich wieder auf Fahrt: Er reist mit verschiedenen Frauen, denen er nicht wirklich ein zuverlässiger Partner ist, durch die Welt, um sich am Ende in einer Berliner WG frustrierter, alternder Männer wiederzufinden und perfide Rachepläne gegen die Frauenwelt zu schmieden. Mit Waffengewalt will er sich an den Frauen rächen, weil er keinen anderen Grund für sein persönliches Scheitern sieht, »als dass einige Frauen das aus Lust und Laune so entschieden hatten« (F 334). Helena, ständig auf der Suche nach Glück, endet in einer bayerischen Landkommune und bei der naiven Freude am Konzept der freien Liebe. Ruth und der sterbende Frank landen in der Abgeschiedenheit Reykjavíks, wo sie sich aneinander kuscheln, bis der Tod kommt.

Die hochtrabenden Pläne der Reisenden in »Die Fahrt« münden in gemütliche Zweisamkeit, spießige Engstirnigkeit oder Hass. Hier finden sich keine Subjekte mit gelingender Selbstverwirklichung oder -erkenntnis, dieser nur vermeintliche Reiseroman funktioniert nicht als Entwicklungsroman. Vielmehr wird die Idee eines sich entwickelnden Subjekts *ad absurdum* geführt: Die Subjekte verschwinden in der Provinz und/oder in der Provinzialität ihres Denkens; sie kehren an ihre Ausgangspunkte zurück, von denen sie sich gedanklich ohnehin nie emanzipiert hatten; und wo sie ein stilles, kleines Glück zu entdecken glauben, finden sie nur den Tod.

Als wäre diese Botschaft nicht pessimistisch genug, kontrastiert Berg in ihrem Roman die Reisenden des Westens mit den Bewohnern jener Länder, die die Sinnsuchenden bereisen: Serra, der brasilianische Indio und Goldgräber, mit dem Helena sich eine Weile abgibt, findet sich allein im Dschungel wieder: »Für eine kurze Zeit hatte Serra sich besonders gefühlt. Er hatte eine Frau gehabt, die ihn liebte, so glaubte er, so völlig anders, als die Frauen hier einen liebten.« (F 80) Doch die romantische Illusion dauert nur so lange wie Helenas kurzlebiges Interesse an der vermeintlichen Exotik seines Lebens anhält. Dann ist Serra wieder allein in seinem Dasein, das »aus Arbeit, Hitze, Schlafen und dem Dschungel bestand«, mit dem er sich – nicht zuletzt dank des billigen Rums – abgefunden hat (»Er konnte sich kein anderes mehr vorstellen«), das sich nun aber noch etwas weniger erträglich anfühlt als vor Helenas Erscheinen (F 80).

»Die Fahrt« kontrastiert diejenigen, welche die Freiheit zu reisen genießen, mit denjenigen, die bleiben müssen, obwohl sich ihnen ›zuhause‹ keine Perspektive bietet. Dabei sind weder kulturelle noch ethnische Zugehörigkeiten ausschlaggebend – auch die Jüdin Ruth und die Halbchinesin Jenny gehören zu denen, die sich privilegiert, da ›frei‹ durch den globalen Raum bewegen. Was allein zählt, ist, ob man auf Seiten der Globalisierungsgewinner oder der Globalisierungsverlierer geboren wurde. Der Roman gewinnt dem Thema Globalisierung nicht einmal im Ansatz etwas Positives ab, wie Emily Jeremiah betont: »It undermines globalization as an ideal, exposing its discontents.«[9]

Gleichwohl ist dem Text auch mit den klassischen Kategorien des *Postcolonialism* nur bedingt beizukommen, weil hier letztlich alle auf der Verliererseite sind. Keine der Figuren absolviert ihre Sinnsuche erfolgreich. Prototypisch dafür steht Peter, der Leiter jenes Hotels für sinnsuchende Esoteriker auf Sri Lanka: ehemals links und aufgeklärt, nunmehr gescheitert und frustriert, die Einheimischen ebenso verachtend wie die westlichen Touristen – Erstere betrachtet er in ihrer ökonomischen Abhängigkeit als persönliche Sklaven, Letztere als Kapitalisten der naivsten Sorte: »Wer seinen Urlaub in Ländern verbrachte, die ärmer waren als sein Heimatland, offenbarte ein starkes charakterliches Defizit.« (F 93) Das Problem, so Peters Überlegungen, seien nicht die Reichen in ihren luxuriösen Resorts: »Die Krätze waren die anderen, die Sparer, die Feilscher, die Wir-wollen-leben-wie-die-Einheimischen-Fraktion. Sie verdarben das Klima, die Moral, die Welt. Globalisierung jetzt!« (F 93)

Die interne Fokalisierung zeichnet ihn als kritisch denkendes Subjekt aus und stellt die moralische Botschaft des Textes überpointiert aus. In den unablässig zwischengeschalteten Passagen mit Nullfokalisierung berichtet indes die Erzählinstanz ausführlich, fast genüsslich, von Peters eigenem moralischen Versagen. Der ständige Wechsel zwischen Innen- und Außensicht untergräbt die nur vorgebliche moralische Botschaft und dekonstruiert jede Moralität des Subjekts in diesem Text. Selbst die Globalisierungsverlierer, die nur am Rande beleuchtet werden, werden hier nicht politisch korrekt als unschuldige Opfer deklariert. Von dem Bergarbeiter und Goldgräber Serra, der Helena mit in den Dschungel nimmt, heißt es nur lapidar: »Serra kannte keinen Hunger, keine Existenzangst, es gab viele, die lebten wie er, und viele, die schlechter lebten.« (F 82) Mitleid mit ihm verbietet sich, weil auch er Teil eines wiederum andere ausbeutenden Systems ist: »Unten machten die Goldgräber weiter wie immer. Sie suchten nach Träumen. Sie vertrieben die Indianer, machten die Flüsse schmutzig und den Regenwald kaputt.« (F 75)

Peters Angestellte Susanti auf Sri Lanka ist bereit, ihren Chef nach dem Tsunami, den er knapp überlebt, gesund zu pflegen. Weiter jedoch geht ihre Loyalität nicht, für »übertriebenes Mitgefühl« (F 115) fehlen ihr die Zeit und die emotionalen Ressourcen. Sie übernimmt das Hotel des Weißen und rächt sich an der Ausbeutung, die sie erfahren hat, indem sie sich an dem zurückgebliebenen Besitz der abgereisten oder toten Touristen bereichert. Amirita aus Bombay hält sich mit der Hoffnung aufrecht, Stewardess werden zu können – und weiß im Gegensatz zu Leser und Erzählinstanz nicht, wie illusorisch diese Hoffnung ist. Igor, der in einem radioaktiv kontaminierten Landstrich nahe Tschernobyl vor sich hinvegetiert, ist nur noch wegen der missgebildeten Hühner und Kaninchen, um die er sich kümmern muss, am Leben. Doch auch hier lässt der trockene Kommentar der Erzählinstanz keinerlei Raum für Hoffnung oder Sozialromantik: »Vielleicht lebte Igor nur wegen der Tiere. Vielleicht wollte er sie nicht alleine lassen. Bis zu jener Nacht, da es plötzlich minus 30 Grad geworden war.« (F 245)

Am ärgsten trifft es Parul aus Bangladesch, die im Slum lebt, sich zu Tode schuftet, vergewaltigt, geschlagen, schließlich krank und vom eigenen Ehemann vermeintlich zu Tode geprügelt wird. Und auch hier unterbindet die Erzählinstanz bereits zu Beginn der ausführlichen Episode über Paruls Elend jegliche Form empathischer Textrezeption: »Manche glauben an Reinkarnation, manche an Schicksal, andere denken einfach, dass das Leben ein ungerechter Scheißdreck ist. Vielleicht ist das so. Es hat niemand etwas anderes versprochen.« (F 319)

Touristisch bereisbare Räume, »touristisierte Orte«, wie Karentzos und Kittner sie nennen, funktionieren nach klaren Ein- und Ausschlusskriterien: »Die Vorstellung eines ›totalen Tourismus‹ unterstellt nicht nur, dass alle Orte bereisbar geworden sind, sondern auch, dass sich alle Menschen jederzeit zu ihnen und in ihnen bewegen können. Ebenso impliziert die Vorstellung vom ›Ende der Reisen‹ ein autonomes Subjekt, dessen Erfahrung des expansiven Reisens an ein Ende gelangt sei. Doch ob touristische Orte unter dem Aspekt des Vergnügens bereist oder betreten werden können, ist in erster Linie von ökonomischen und raumpolitischen Faktoren abhängig. Nicht jeder kann es sich leisten, Tourist zu sein, und nicht jeder erhält Zutritt zu touristisierten Orten, selbst wenn sie vor der Tür liegen.«[10]

Mobilität ist in diesem Text das Privileg einer westlichen Elite. Deren träger Wohlstand wird hier nicht mit durch Armut und Elend ausgelöste Flüchtlingsströme und Migrationsbewegungen kontrastiert, sondern mit konsequentem Stillstand, mit der Ausweglosigkeit des Bleibenmüssens. Indem der Text den Ausblick auf diejenigen eröffnet, die nicht mobil sind, denen selbst der Ausweg der Migration nicht zur Verfügung steht, stellt er die Absurdität des Reisens der westlichen Sinn- und Identitätssuchenden umso drastischer aus. Die Armen, die hier geschildert werden, kommen gar nicht auf die Idee, irgendwo anders eine Form von Glück oder wenigstens menschenwürdigem Überleben zu suchen. Die Orte, die westliche Touristen oder vermeintlich ›alternative‹ Globetrotter aus Gründen des Vergnügens und der Sinnsuche bereisen, sind für andere ›Heimat‹ in ihrer unromantischsten Form: im Sinne einer Sackgasse und grausamen Falle.

Das Eigene als das Fremde

Nicht nur begegnen sich Einheimische und Fremde in »Die Fahrt« nicht – zumeist streift ihr Leben nur unbemerkt das des anderen –, selbst dort, wo durch Arbeit oder vermeintliche Liebe Nähe gegeben ist, findet keine wirkliche Verständigung oder gar Nähe statt. Im Anderen begegnet man nicht sich selbst, so die Botschaft, die jede Hoffnung auf einen globalen Humanismus untergräbt. Ökonomie, Politik und Lebensumstände ziehen klare Grenzen zwischen dem Eigenen und dem Fremden, die von keiner der beiden Seiten überschreitbar wäre.

Auch in anderen Romanen Sibylle Bergs sind Reisende auf ähnliche Weise unterwegs: In »Der Tag, als meine Frau einen Mann fand« (2015) benennt Chloe den Grund für sie und ihren Mann Rasmus, in ein Dritte-Welt-Land zu fahren, fast zynisch: »Vor ein paar Jahren begann er Gedichte zu lesen und kam auf die Idee, in der Dritten Welt Bedeutendes leisten zu können.«[11] Zuhause beruflich wie privat weitgehend gescheitert, versucht man, das eigene ramponierte Ego in der Fremde auf Kosten der Fremden wieder aufzupolieren; auch hier vergeblich. Und in Bergs zutiefst poetischem Roman »Der Mann schläft« (2009), in dem ausnahmsweise eine gelingende Liebe geschildert wird, kommt der Protagonistin der geliebte Mann während einer Reise nach China abhanden. Zwar bleibt hier unklar, was mit ihm geschehen ist, doch wie in »Die Fahrt«, wo sich der Kreis durch den Tod eines Geliebten schließt, steht am Ende das Alleinsein, das nach dem Verlust der Nähe noch drastischer ausfällt.

Frustriert von der Sinnlosigkeit des eigenen Tuns[12] konstatiert Helena im Roman »Die Fahrt«: »Gab es irgendetwas zu lernen, so das Reisen nichts brachte? Gar nichts. Es war eine Verlagerung des Konsumierens. Nicht Prada-Teile, sondern Länder und Elend und Herbergen wurden konsumiert, fremder Leuts Leben wurde geshoppt, in große Plastiktaschen gestopft. (…) Man kann das alles nicht retten. Diese Welt kann man nicht retten, wurde Helena klar (…).« (F 242) Das ist wenig als moralisches Fazit, selbst wenn man nicht die Rettung der Welt, sondern nur die Befreiung von sich selbst als Ziel hatte, als man losfuhr (»Kein Ego mehr zu haben. Das war, was Helena so verbissen zu erreichen suchte«, F 70).

Sibylle Berg konstruiert anhand ihrer Reisenden eine transzendentale Trostlosigkeit, einen fast metaphysisch anmutenden Fatalismus, der absolut erscheint. Die in »Die Fahrt« entworfenen Subjekte sind nicht mehr nur ziellos herumirrende Figuren der Postmoderne, sondern transzendental Exilierte. »Die *conditio humana* (…) des neuzeitlichen Menschen ist die eines Vertriebenen, wohlgemerkt: ohne Hoffnung auf Rückkehr zu Lebzeiten«, schreibt Ottmar Ette über das Dasein nach dem Paradies.[13] Im Sündenfall bezahlt der Mensch die transzendentale Erkenntnis mit dem Verlust seiner paradiesischen Heimat und seiner grundsätzlichen, nicht zu revidierenden Unbehaustheit. Das Exil (im metaphysischen Sinne) ist daher die Grundform seiner Existenz. Der Weg zurück ins Paradies ist ihm seither verschlossen, wie schon Kleist wusste: »(…) das Paradies ist verriegelt und der Cherub hinter uns; wir müssen die Reise um die Welt machen, und sehen, ob es vielleicht von hinten irgendwo wieder offen ist«, heißt es im Aufsatz »Über das Marionettentheater«,[14] in dem ein Subjekt verzweifelt versucht, nach dem Akt der Erkenntnis in den Zustand der Unschuld zurückzukehren. Auch nach der Reise um die Welt, so wird bei Sibylle Berg deutlich, bleibt der Zugang zum Paradies verschlossen. Nur kann heute – und damit treibt Berg ihren Anti-Idealismus auf die Spitze – von vorangegangener transzendentaler Erkenntnis keine Rede mehr sein.

Auch die gelangweilte Coolness der Postmoderne kommt in »Die Fahrt« nicht mehr zum Tragen; von der Postmoderne ist man allenfalls erschöpft.[15] Bei aller Mobilität verbindet die Protagonisten des Romans eine zähe Trägheit. Am Ende ist man allein und einigt sich mit dem Leben auf den kleinsten gemeinsamen Nenner, um der endgültigen Erkenntnis der Ausweglosigkeit noch kurz zu entfliehen. Das ist verglichen mit dem aus anderen Berg-Texten vertrauten witzig-zynischen Tonfall nur noch bedingt komisch. Eher auf eine metaphysische Weise tief traurig.

1 Sibylle Berg: »Die Fahrt«, Köln 2007, im Folgenden zitiert unter Angabe der Seitenzahl mit der Sigle F. — **2** Wolfgang Neuber: »Reiseroman«, in: Dieter Burdorf / Christoph Fasbender / Burkhard Moennighoff (Hg.): »Metzler Lexikon Literatur«, Stuttgart, Weimar 2007, S. 641–643, hier S. 641. — **3** Klaus Böldl: »Die fernen Inseln«, Frankfurt/M. 2003. — **4** Auf diese Weise konterkariert Berg einen traditionellen Heimatbegriff, wie Emily Jeremiah betont, die die Dekonstruktion des Heimatbegriffs in Bergs Roman im Kontext der Dekonstruktion des ›Deutschen‹ in diesem und anderen ihrer Texte liest. Emily Jeremiah: »Sibylle Berg, Die Fahrt: Literature, Germanness, and Globalization«, in: Lyn Marven / Stuart Taberner (Hg.): »Emerging German-Language Novelists oft he Twenty-First Century«, Rochester, New York 2011, S. 133–147. Siehe hierzu auch Julia Knauts Beitrag zur Heimatlosigkeit der Figuren in Ende gut (2005): Julia Knaut: »Reisen bei Sibylle Berg«, in: Andrea Bartl (Hg.): ›Transiträume. Beiträge zur deutschsprachigen Gegenwartsliteratur«, Augsburg 2009, S. 41–53. — **5** Karl Marcel Sicks: »Gattungstheorie nach dem *spatial turn*: Überlegungen am Fall des Reiseromans«, in: Wolfgang Hallet / Birgit Neumann (Hg.): »Raum und Bewegung in der Literatur. Die Literaturwissenschaft und der Spatial Turn«, Bielefeld 2009, S. 337–354, hier S. 347. — **6** Ebd., S. 342 f. — **7** John Ury: »The Tourist Gaze«, Los Angeles u. a. 2002, S. 1. — **8** Sigmund Freud: »Das Unheimliche«, in: »Imago. Zeitschrift für Anwendung der Psychoanalyse auf die Geisteswissenschaften« Nr. V. 5./6. (1919), S. 297–324. — **9** Jeremiah: »Sibylle Berg, Die Fahrt: Literature, Germanness, and Globalization«, a. a. O., S. 134 f. — **10** Alexandra Karentzos / Alma-Elisa Kittner: »Touristischer Raum: Mobilität und Imagination«, in: Stephan Günzel (Hg.): »Raum. Ein interdisziplinäres Handbuch«, Stuttgart, Weimar 2010, S. 280–293, hier S. 281. — **11** Sibylle Berg: »Der Tag, als meine Frau einen Mann fand«, München 2015, S. 14 f. — **12** Anhand ihrer Figur wird die Unmöglichkeit der Begegnung mit dem Fremden besonders deutlich ausgestellt, wie Krupińska feststellt. Grażyna Krupińska: »Das postmoderne Reisen im Roman ›Die Fahrt‹ von Sibylle Berg«, in: Jolanta Pacyniak / Anna Pastuszka (Hg.): »Zwischen Orten, Zeiten und Kulturen. Zum Transitorischen in der Literatur«, Frankfurt/M. 2016, S. 111–121, hier S. 116. — **13** Ottmar Ette: »Konvivenz. Literatur und Leben nach dem Paradies«, Berlin 2012, S. 10. — **14** Heinrich von Kleist: »Über das Marionettentheater«, in: Ders.: »Sämtliche Werke und Briefe. Band 2«, hg. von Helmut Sembdner, München 1987, S. 338–345, hier S. 342. — **15** Krupińska: »Das postmoderne Reisen im Roman ›Die Fahrt‹ von Sibylle Berg«, a. a. O., S. 119.

Stephanie Catani

»Aber wenn ich schon in dieses seltsame Leben geh, will ich Applaus.«

Mediale Mechanismen der Autorschaftsinszenierung bei Sibylle Berg

In ihren Tübinger Poetikvorlesungen problematisiert die österreichische Autorin Marlene Streeruwitz den Zusammenhang von Autorschaft und medialen Inszenierungsprozessen. Ganz ausdrücklich warnt sie potenzielle Leserinnen und Leser davor, sich durch selbst- wie fremdgesteuerte Formen der Inszenierung vorschnell zu einem klaren Autorbild verführen zu lassen: »Die Mechanismen der Medien bedingen eine Personalisierung der Information. Das Werk tritt gegen die Person in den Hintergrund. Der Marktwert eines Autors und einer Autorin mißt sich an deren Medienwirksamkeit. (…) Verdenken Sie es bitte auch niemandem, wenn er oder sie an diesem Zirkus teilnimmt. (…) Der Schein der Person wird der Erscheinung eines Werks vorgezogen. Das Werk dient nur als Ausrede. Begründung für dieses eigenartige Monster öffentliche Person, das da entsteht.«[1]

Streeruwitz' Äußerungen sind 23 Jahre alt – ihre Poetikdozentur im Wintersemester 1995/96 bildet den Startschuss zu der inzwischen etablierten Tübinger Veranstaltungsreihe. Die digitale Revolution ist zu der Zeit noch nicht in Sicht, der Literaturbetrieb weiß noch nichts von Facebook, Twitter und Instagram, von Buchtrailern, ausgeklügelten Verlagswebsites und Autorenhomepages, von Weblogs und Autorenblogs. Dieses »eigenartige Monster öffentliche Person«, das sich mit Streeruwitz hinter jedem medial erzeugten Autorenbild verbirgt, ist mit den neuen Medien, die es hervorbringen, noch einmal gehörig gewachsen. Es wird inzwischen auf digitalen Kanälen befeuert, die längst nicht mehr an das Medium Buch gekoppelt sind. Angesichts dieser neuen Präsentationsformen von Autorschaft gilt es einmal mehr, das Autor-Ich nicht mit der privaten Person des jeweiligen Schriftstellers zu verwechseln, sondern darunter ein Autorbild zu verstehen, das im literarischen Feld generiert wird und dort öffentlich wirksam ist. Dieses Autorkonstrukt entsteht auf unterschiedlichen Ebenen und lässt sich auch mit dem Begriff des Autor-Labels einfangen, das mit Dirk Niefanger, »die Platzierung des Autors im kulturellen Feld« und darüber hinaus die Verbindung zwischen dem Namen des Autors als Marke und der Erwartungshaltung des Publikums meint.[2] Zu den Produzenten dieses Autor-Ichs gehören literarische Texte, die selbstreferenziell den Akt des Schreibens thematisieren und/oder fiktive Autorinstanzen als Figuren auftreten lassen. Hinzu kommen para-, vor allem epitextuelle (und damit nach Gérard Genette nicht unbedingt streng auf das literarische Werk bezogene)[3] Aussagen wie Essays, Kolumnen, Interviews, in denen Autor/-innen der Gegenwart zu ihren Texten und zu ihrem Schreiben grundsätzlich Stellung beziehen.

Das, noch einmal mit Streeruwitz, »Monster« oder, mit Niefanger, »Autor-Label« hinter Sibylle Berg ist dabei ein außergewöhnlich sichtbares – dort, wo ihr Name fällt, sind in der Regel Etikettierungen und Brandings aller Art nicht weit. »Designerin des Schreckens«, »moralinsaures Monster«, »über Leichen latschende Schlampe«, »Höllenfürstin des Theaters« oder »Kassandra des Klamaukzeitalters« lauten einige der im deutschsprachigen Feuilleton generierten Zuschreibungen, die Daniel Schreiber 2012 in seinem Versuch, Sibylle Berg zu porträtieren, im »Cicero« zusammenträgt. Schreiber kritisiert diese Zuschreibungen ausdrücklich, obgleich er selbst ganz ohne Etiketten auch nicht auskommt, wenn er Berg als »erbarmungsloseste Schriftstellerin deutscher Sprache« bezeichnet.[4]

Wie das Feld der Literaturkritik erweist sich auch die Literaturwissenschaft als nicht unbedingt zurückhaltend, wenn es um die Suche nach passenden Schubladen für die Autorin geht. Stellvertretend für die ›Berg-Forschung‹ einer gegenwartszugewandten Literaturwissenschaft hat Alexandra Pontzen Prozesse der Autorschaftsinszenierung bei Sibylle Berg untersucht: Was, mit Pontzen, Ende der 1990er Jahre als »weiblicher La Rochefoucault, deren böser Blick und kalt-zynischer Humor dazu dienen, Scham- und Peinlichkeitsschwelle der zeitgenössischen Konsumgesellschaft zu markieren und zu verletzen« begonnen habe, sei geendet in der »popironischen Maske der Tante, die im camp-Duktus einer Briefkastenratgeberin ›Frau Sibylle‹ die Welt betrachtet«.[5] Auffällig nicht nur an Pontzens Ausführungen ist, dass das Autorbild Bergs weniger als Produkt fremdgesteuerter Zuschreibungen problematisiert, sondern die Autorin selbst als souveräne Produzentin eben dieses Bildes verstanden wird. Eines Bildes, das sich auch bei Sibylle Berg allen voran über die sozialen Medien formt. »Selten hat sich ein Autor so virtuos in den elektronischen Medien Kontur gegeben – mit Textsplittern der Gattungen Frechheit, Zumutung, Lachnummer«, behauptet etwa Susanne Meyer im Eingangstext zu ihrem Interview mit Sibylle Berg in »Die Zeit«,[6] und auch Carolin John-Wenndorf attestiert Sibylle Berg »eine einzigartige virtuelle Selbstpräsentation«.[7] John-Wenndorf seziert die Homepage Bergs wie auch ihren Twitter-Account und schlussfolgert, dass beide Plattformen den Voyeurismus der Berg-Leserschaft gleichzeitig bedienen und enttäuschen würden, da die hier dominierende Inszenierungstechnik eine der Andeutung sei: »In jeder geheimnisvollen Kommunikation verstecken sich Hinweise, die darauf deuten, dass es Tieferliegendes, (noch) nicht Ausgesprochenes, etwas die Kommunikationssituation Überschreitendes und diese Ergänzendes gibt, das gleichwohl so faszinierend ist, dass es sich lohnt, diese zu ergründen.«[8]

Die medialen Praktiken der Selbstinszenierung bei Sibylle Berg sind tatsächlich unübersehbar – sie begegnet als Autor-Instanz, die durchweg präsent ist, ohne gleichzeitig nahbar zu sein. Im Kultur- und Medienbetrieb der Gegenwart ist sie nicht nur wöchentlich präsent mit ihrer Kolumne »Fragen Sie Frau Sibylle« für »Spiegel Online«, sondern tritt mit Vorliebe an der Seite solcher Figuren auf, die gemeinhin als Aushängeschilder intellektueller Coolness oder gar bloßen Zynismus' fungieren: Das beginnt mit ihrer Teilnahme an dem arte-Format »Durch die Nacht mit …« (6.6.2006) an der Seite Katja Riemanns, geht weiter mit ihrem berüchtigten Auftritt in der »Harald Schmidt Show« (22.10.2009) und einem gemütlichen Sofa-Plausch mit Helge Schneider in der WDR-Sendung »Helge hat Zeit« (20.10.2012) und endet schließlich bei ihren »bitterbösen«[9] Einspielern für die ZDF-Talkshow »Schulz und Böhmermann«, Auftritten wie jene mit Jan Böhmermann in der Late-Night-Show »Willkommen Österreich« (17.2.2015) oder an der Seite von Helene Hegemann, Matthias Brandt und wiederum Katja Riemann bei eigenen öffentlichen Lesungen.

Bergs Strategien der Selbstinszenierung verstehen sich dabei als Teil jener habituellen Techniken und Aktivitäten von Schriftsteller/innen der Gegenwart, in oder mit denen sie, Christoph Jürgensen und Gerhard Kaiser zufolge, »öffentlichkeitsbezogen für ihre eigene Person, für ihre Tätigkeit und/oder für ihre Produkte Aufmerksamkeit erzeugen«.[10] Die literaturwissenschaftliche Frage nach solchen schriftstellerischen Inszenierungsprozessen meint gerade nicht den heimlichen Versuch, »Biographisch-Anekdotisches« zu sammeln oder einen kritisch besetzten Gegenbegriff zu diversen ›Authentizitäts‹-Vorstellungen im Sinne von ›Täuschung‹ vorzuschlagen. Vielmehr geht es Jürgensen/Kaiser wie auch diesem Beitrag »um eine Rekonstruktion jener Praktiken, deren Inszenierungscharakter, d. h. deren absichtsvolle Bezogenheit auf öffentliche Resonanzräume, sich aufzeigen lässt. Ziel solcher Inszenierungspraktiken (…) ist die Markierung und das Sichtbar-Machen einer sich abgrenzenden, wiedererkennbaren Position innerhalb des literarischen Feldes.«[11]

Berg überlässt die Inszenierung des eigenen Autor-Labels bewusst keinen ausschließlich fremdbestimmten Prozessen, weil sie um die mitunter problematischen Mechanismen des öffentlichen Interesses an der Autorfigur weiß. In ihrem Fall resultiert dieses Interesse in durch Feuilleton, Literaturwissenschaft und Unterhaltungsapparat gleichermaßen betriebenen Stilisierungsversuchen, die sich weniger mit dem literarischen Werk als vielmehr mit der Figur der Autorin beschäftigen. Ein Voyeurismus wird sichtbar, der sich auf die Person Sibylle Berg und die angeblichen Geheimnisse, die es zu lüften gilt, bezieht. In ihrem Interview mit Susanne Meyer kritisiert Berg diesen Voyeurismus aus feministischer Perspektive als Haltung, die vorrangig Autorinnen betrifft: »Dass die Arbeit immer erst gegen Schluss auftaucht und es vorher endlos um Äußerlichkeiten geht und darum, dass man als Frau nicht so zu schreiben hätte.«[12]

Tatsächlich taucht das Berg'sche Schreiben, tauchen ihre Texte und ihr literarisches Programm, wenn überhaupt, erst am Ende jeder Auseinandersetzung mit ihr auf. Einleitend wird meist verwiesen auf einen nicht näher hinterfragten Ruf, der Sibylle Berg vorauseile und mit dem sie darüber hinaus ausdrücklich konfrontiert wird. Das ist in dem bereits genannten Interview mit Susanne Mayer der Fall (»Wie ist es so, angefeindet zu werden?«), wiederholt sich in einem FAZ-Interview (»Wie ist es für Sie, wenn Sie sich googeln?«)[13] und verbirgt sich auch hinter der Einstiegsfrage von Katharina Lütscher, die Berg für den »Musikexpress« interviewt: »Tragen Sie eine Disposition zum Fiessein in sich?«[14] Und auch Harald Schmidt stellt in seiner gleichnamigen Show einleitend klar, dass Frau Berg keineswegs immer alles »bös« meine, obgleich sie ihm anders angekündigt worden sei.[15]

Ganz besonders exponiert fällt die Konfrontation von Sibylle Berg mit ihrem öffentlich generierten Autorenbild schließlich in dem Dokumentarfilm der Filmemacherinnen »Böller und Brot« alias Wiltrud Baier und Sigrun Köhler »Wer hat Angst vor Sibylle Berg?« aus – der schon im Titel mit dem furchteinflößenden Image spielt, das Berg gemeinhin unterstellt wird. Diesbezüglich lohnt sich ein genauer Blick in die Eingangssequenz des Films: Diese setzt in ihrem Spannungsaufbau geradezu paradigmatisch auf die Konfrontation von Selbst- und Fremdwahrnehmung. Der Film beginnt mit einem Schwarzbild und einer weiblichen Stimme aus dem Off, die jene (parallel auch eingeblendeten) medialen Beschreibungsversuche vorliest, die sich Sibylle Berg in den letzten Jahren ›gefallen lassen‹ musste: von der »Hasspredigerin der Singlegesellschaft« über die »letzte freie Radikale unter den deutschen Schriftstellerinnen« bis zur »Fachfrau fürs Zynische«.[16] Das Schwarzbild bleibt auch, als Sibylle Berg zu hören (nicht aber zu sehen) ist. Zunächst vernimmt man nur ein Schnauben, das die gesammelten Unterstellungen zu kommentieren scheint, während die weibliche Off-Stimme feststellt: »Frau Berg, Sie provozieren die Leute irgendwie.« – Ein Satz, der von Sibylle Berg unterbrochen wird: »Nee! Falsch! Falsch! Die Leute fühlen sich provoziert und ich blicke das Ganze voller Unverständnis an.« Erst jetzt wird Sibylle Berg eingeblendet – in einer Nahaufnahme wird gezeigt, wie sie sich einen Mundschutz aufsetzt – eine Geste, die bewusst offenhält, ob dieser Schutz Berg oder ihrem Publikum gilt. Dann erst folgt die Einblendung des Filmtitels: »Wer hat Angst vor Sibylle Berg«. Wie besonders augenfällig in dieser ersten Sequenz changiert der Film insgesamt zwischen dem Bemühen einerseits, stereotype Fremdzuschreibungen zu dekonstruieren, indem diesen die vermeintlich ›echte‹ Sibylle Berg gegenübergestellt wird, und den eigenen Inszenierungsstrategien andererseits, die an der Produktion des ›Autor-Labels‹ Sibylle Berg unweigerlich teilhaben. Zu diesen im Film verfolgten Strategien gehört allen voran die von der Kamera eingefangene und von der Autorin selbst fortwährend behauptete Unschuld an dem medial generierten ›Monster‹ Sibylle Berg. Der Film scheint dabei mitunter durchaus eine Art ›Wahrhaftigkeit‹ zu behaupten – etwa zu Beginn, wenn Berg durch die Off-Stimme aufgefordert wird, den Gerüchten um sie ein Ende zu bereiten: »Sagen Sie's richtig.« (TC 0:00:30) ›Richtig‹ aber ist eine fragliche Kategorie innerhalb jener medialen Prozesse, die Autorschaft generieren und Authentizität allenfalls suggerieren – ganz unabhängig davon, ob es sich dabei um fremd- oder selbstgesteuerte Prozesse handelt. Der Dokumentarfilm aber besteht auf einem Authentizitätsversprechen, das in seinem Genre begründet liegt, wie Christian Huck in einem Beitrag zum Begriff der Authentizität im Dokumentarfilm pointiert nachvollzogen hat. Mit Huck besteht das genretypische Paradox darin, dass Dokumentarfilme »Authentizitätserfahrungen in einem Medium möglich zu machen versuchen, das diese eigentlich verbietet«.[17] Diesem paradoxen Bestreben des Dokumentarfilms entkommen auch Wiltrud Baier und Sigrun Köhler nicht ganz, obgleich sie jene genretypischen »populär-voyeuristischen Ansätze« gerade ausschließen wollen, wie sie in einem Essay zum Film unterstreichen.[18] Auch ihrem Film geht es aber um eine ausgestellte Wirklichkeitserfahrung, wie sie der Dokumentarfilm gemeinhin behauptet, um die Möglichkeit, wie die Filmemacherinnen ausdrücklich erklären, »sehr viel über den Menschen und die Künstlerin Sibylle Berg erfahren und entdecken zu können«.[19] Damit verschreibt sich der Film »Wer hat Angst vor Sibylle Berg?« im Grunde dem gleichen Anliegen wie jeder andere Dokumentarfilm, nämlich (noch einmal mit Christian Huck) »gesellschaftliche Realität ohne den Scheincharakter der Massenmedien und trotzdem mit den Mitteln der Massenmedien zu vermitteln«.[20] Authentizität kommt hier eine zweifache Bedeutung zu – zum einen ist die Authentizität der Person und zum anderen die der Sache gemeint. Auch der Film Baiers und Köhlers behauptet implizit, die dargestellten Personen (allen voran Sibylle Berg) »unverstellt und natürlich« zu zeigen, und gleichzeitig ein Darstellungsverfahren zu bedienen, das ebenfalls »unverfälscht und wahrhaftig« sein soll.[21]

Konsequenter als die Filmemacherinnen und ihr Film problematisiert Sibylle Berg selbst den Begriff der Authentizität und hält fremdgesteuerten Inszenierungsmechanismen die eigenen bewusst entgegen. Sie verweigert sich vor der Kamera ihrer von ihr bezeichnenderweise so getauften »Doku-Schlampen« (TC 1:15:55) konsequent jeglichem voyeuristischen Begehren, das sich einen ›authentischen‹ Einblick in den ›echten‹, den ›wahren‹ Alltag der Autorin verspricht. Die Strategie Bergs lautet vielmehr: Radi-

kalisierung der authentizitätssuggerierenden und zugleich -dekonstruieren-
den Inszenierungsprozesse. Zwar gibt Berg zu, dass man im Laufe der
Dreharbeiten die Kameras durchaus vergesse (TC 0:52:16), behauptet
dadurch aber keineswegs, authentisch vor der Kamera zu agieren. Dem vom
Produktionsteam in Aussicht gestellten »ellenlangen Interview« mit der
Autorin entzieht Berg von vornherein die Glaubwürdigkeit, wenn sie droht:
»Ich lüg' dann eh nur.« (TC 0:13:51) Was Authentizität überhaupt sei, wird
im Film von Berg gemeinsam mit dem Produktions- und Kamerateam diskutiert. Den Einwurf eines Redakteurs, der Begriff meine »angeblich Echtheit«, lässt Berg nicht gelten, da man schließlich immer eine Rolle spiele
und bestimmte Wirkungsabsichten verfolge: »Ja, das ist, wie wenn man das
Haus verlässt. Musst dich ja irgendwie ankleiden, verhalten, rüsten.« (TC
0:52:30–0:52:50) Dass Authentizität im Sinne von »Echtheit« keine Gül-
tigkeit mehr besitzt, scheint die Filmerzählung insgesamt dort zu unterstreichen, wo sie bewusst keinen Unterschied zwischen dem Raum vor und hinter der Kamera mehr macht: Wiederholt werden die bewusst stilisierten und
als ironisches Zitat auf die übersteigerten, genretypischen Gesten des Litera-
turfilms angelegten Interviewsituationen (Sibylle Berg im Zug, auf dem
Sofa, auf der Theaterbühne, durch die Natur wandelnd etc.) unterbrochen
durch Making-of-Einblicke, die Gespräche zwischen Produktionsteam und
Autorin nach dem Beenden der inszenierten Interviewsituation zeigen. Das
Erzählen des Dokumentarfilms ist hier ein selbstreflexives, weil er die auf
Berg gerichtete Kamera konsequent und damit die Autorin nicht als Sub-
jekt, sondern als Objekt der Erzählung sichtbar macht.

Auf ›Wahrhaftigkeit‹ als Attribut einer Autorschaftsinszenierung stößt
man bei Sibylle Berg allenfalls dort, wo sie schonungslos die Mechanismen
des gegenwärtigen Literaturbetriebs entlarvt, der an alle, die vom Schreiben
leben wollen, enorme Anforderungen stellt. Dass beim Versuch, sich im
Literaturbetrieb zu etablieren, Autor/innen gerade zu Anfang ihrer Karrie-
ren fremdbestimmten Zuschreibungen ausgeliefert sind, ist Berg bewusst.
So weist sie im Interview etwa auf das berühmte Cover ihrer ersten Veröffentlichung »Ein paar Leute suchen das Glück und lachen sich tot« (1997)
hin, das die Autorin mit Zigarette in der Hand in weiße Laken gehüllt im
Bett liegend zeigt. Dabei handelt es sich um jenes Bild, das vielen noch
immer als »spätpubertärer« Inszenierungsgestus einer Autorin gilt, die damit
ihre anfängliche Wahrnehmung als Mitglied der Generation »Fräuleinwunder« gewissermaßen selbst verantworte: »Hier wird die Autorin endgültig
zum Covergirl, die sich mit Zigarette im zerwühlten Bett räkelt.«[22] Im
Dokumentarfilm entlarvt Berg das Cover rückblickend als Teil einer verle-
gerischen Marketingstrategie, die sich von der lasziven Darstellung einer
jungen Autorin entsprechende Aufmerksamkeit für deren literarisches
Debüt erhoffte. Die Frage, warum sie diese Darstellung nicht verhindert

habe, beantwortet Berg, indem sie den Blick auf das wirtschaftliche Abhängigkeitsverhältnis lenkt, das gerade für junge Autor/-innen existenziell ist: »Beim ersten Buch … Bist du verrückt, da macht man doch nichts. Da hatte ich 50 Absagen vorher kassiert und dachte … na ja, jemand will mein Buch machen.« (TC 0:45:50 ff.) Keinesfalls versteht sich die Aussage als späte Abrechnung mit einem gewissenlosen Verleger, vielmehr macht gerade das Verständnis Bergs (»Ist ja auch sein Job, das Zeug zu verkaufen. Das kann ich ihm gar nicht übel nehmen«) die Strategien einer medial betriebenen Autorschaftsinszenierung deutlich, die in erster Linie auf wirtschaftliche Faktoren ausgerichtet bleiben. Geradezu prosaisch kennzeichnet Berg denn auch das eigene Schreiben als notwendigen Broterwerb – entschieden tritt sie dafür ein, als mittelständische Unternehmerin mit einem enormen Arbeitspensum ernst genommen zu werden (TC 0:49:50). Freilich werden auch solche vermeintlich ›authentischen‹ Bekundungen wiederum gebrochen, wenn Berg im Anschluss an die Szene mit der Frage »War ich gut, war ich gut?« das Kalkül, das auch hinter diesem Auftritt steckt, entlarvt.

Insgesamt jedoch ist es Sibylle Berg durchaus ernst mit der Dekonstruktion eines überstrapazierten, in die Jahre gekommenen und von ihr zudem als typisch deutsch aufgefassten Geniebegriffs, der noch immer zur Definition von Autorschaft, insbesondere von männlicher, herhalten müsse. »Schriftsteller müssen immer irgendwie ihren Kopf fassen«, heißt es im Dokumentarfilm, weil, stöhnt Sibylle Berg süffisant, »das alles so schwer ist … Es ist so voll mit … voll mit Kulturgut, kann man sagen. (…) Ich glaub', da wird auch viel Gescheiße drum gemacht.« (TC 0:13:00–0:13:15) Dieses »Gescheiße«, das schwere Leiden des Autors als vermeintliche Voraussetzung für gelungene Literatur, nimmt Berg auch an anderer Stelle kritisch in den Blick – in ihrer »Spiegel«-Kolumne, wenn sie dort der Frage nachgeht: »Ich schreibe schon immer. Soll ich Schriftstellerin werden?«[23] Gnadenlos rechnet Berg mit einer realitätsfremden Autorschaftsdiskussion ab, die das Schreiben als tatsächliche Erwerbstätigkeit einerseits nicht ernst genug nehme und andererseits die Figur des Autors vollkommen überhöhe: »Auf jeden Fall brauchen sie nach unserer vorherrschenden literaturkritischen Diskurstheorie ein Talent, das über Sie kam. Nach dem Leiden. (…) Der deutsche Autor leidet und schreibt. Er leidet vor allem an Geldmangel, doch gegen den gibt es Stipendien und Preise, die verteilt werden. Mit Großmut. Und Ernsthaftigkeit. Für ernsthafte Literatur.«[24] Hinzu kommt eine feministische Kritik, wenn Berg dem Literaturbetrieb vorwirft, das Schreiben von Autorinnen ausschließlich auf deren Geschlecht zu reduzieren und ästhetisch abzuwerten: »Außer kritischen Kommentaren zu Ihrem Äußeren (…) werden Sie nie etwas anerkannt Großes leisten. (…) Schreiben Sie über die Welt, wird es heißen: Sie erklärt die Welt aus der Sicht einer Frau. Verzichten Sie auf Ironie! Frauen sind nicht ironisch. (…) Oder machen Sie was über Ihre Genitalien. Genitalien und Frauen sind immer ein Gewinnerteam!«[25]

Die Frage nach der ›echten‹ Sibylle Berg hinter ihrem authentizitätsversprechenden und zugleich -dekonstruierenden medial erzeugten Autorkonstrukt, das selbst- wie fremdgelenkte Inszenierungsprozesse generiert, stellt sich nicht. Sie verbietet sich nicht allein aus literaturwissenschaftlicher Sicht, sondern auch mit Blick auf einen Literaturbetrieb, in dem die mediale Präsenz der Autorin und des Autors zur einflussreichen Marketingstrategie geworden ist. Den hinter dieser Strategie verborgenen Voyeurismus der Öffentlichkeit zu bedienen und gleichzeitig zu entlarven, ohne dabei selbst zur Exhibitionistin zu werden – das macht das Autorbild Sibylle Bergs aus: »Aber wenn ich schon in dieses seltsame Leben geh, will ich Applaus. Morgens, auf dem Weg zum Kiosk: Spaliere bilden sich, Menschen klatschen. Ich betanke mein Moped: Jubelschreie. So in etwa.«[26]

1 Marlene Streeruwitz: »Sein. Und Schein. Und Erscheinen. Tübinger Poetikvorlesungen (WS 1995/1996)«, Frankfurt/M. 1997, S. 55 f. — **2** Dirk Niefanger: »Der Autor und sein Label. Überlegungen zur fonction classificateure Foucaults (mit Fallstudien zu Langbehn und Kracauer)«, in: Heinrich Detering (Hg.): »Autorschaft. Positionen und Revisionen«, Stuttgart, Weimar 2002, S. 521–539, hier S. 539. — **3** Gérard Genette: »Paratexte. Das Buch vom Beiwerk des Buches«, aus dem Franz. von Dieter Hornig, Frankfurt/M. 2001, S. 328–353. — **4** Daniel Schreiber: »Mit dem Leben davongekommen.«, in: »Cicero«, 2012, H. 7, S. 100–103. — **5** Alexandra Pontzen: »›Fragen Sie Frau Sibylle‹: Die Autorin als Tante und Autorität. Weibliche Popästhetik, Ältlichkeit und Ironie als (schweizer-)deutsche Spielart von ›camp‹«, in: Anett Krause / Arnd Beise (Hg.): »Sibylle Berg. Romane. Dramen. Kolumnen und Reportagen«, Frankfurt/M. 2017, S. 17–38, hier S. 38. — **6** Susanne Mayer: »Liebeskrümel @sibylleberg«, Interview, in: »Die Zeit«, 19.3.2015, online unter: www.zeit. de/2015/10/sibylle-berg-twitter-zuerich (zuletzt geprüft am 15.10.2018). — **7** Carolin John-Wenndorf: »Der öffentliche Autor. Über die Selbstinszenierung von Schriftstellern«, Bielefeld 2014, S. 308. — **8** Ebd., S. 7. — **9** Vgl. Johanna Dürrholz: »Die schlechtesten Moderatoren der Welt. Schulz und Böhmemann«, in: »Frankfurter Allgemeine Zeitung«, 4.8.2017. — **10** Christoph Jürgensen / Gerhard Kaiser: »Schriftstellerische Inszenierungspraktiken – Heuristische Typologie und Genese.«, in: Dies. (Hg.): »Schriftstellerische Inszenierungspraktiken – Typologie und Geschichte«, Heidelberg 2011, S. 9–30, hier S. 10. — **11** Ebd., S. 10. — **12** Mayer: »Liebeskrümel @sibylleberg«, a. a. O. — **13** O.A.: »Hassen aus Liebe. Interview mit Antonia Baum«, in: »Frankfurter Allgemeine Sonntagszeitung«, 29.7.2012. — **14** Sibylle Berg: »Es gibt auch Leute, die onanieren zur Musik von DJ Ötzi«, Interview, in: »Musikexpress«, 29.4.2016, online unter: https://www.musikexpress.de/ me-gespraech-sibylle-berg-interview-528681/ (zuletzt geprüft am 25.10.2018). — **15** Die entsprechende Sequenz aus der Show ist online abrufbar unter: www.youtube.com/watch?-v=3baqMtQv0wQ (zuletzt geprüft am 25.10.2018). — **16** Böller & Brot: »Wer hat Angst vor Sibylle Berg«, Deutschland 2015, TC: 0:00:00–0:00:42. — **17** Christian Huck: »Authentizität im Dokumentarfilm. Das Prinzip des falschen Umkehrschlusses als Erzählstrategie zur Beglaubigung massenmedialen Wissens.«, in: Antonius Weixler (Hg.): »Authentisches Erzählen. Produktion, Narration, Rezeption.«, Berlin, Boston 2012, S. 239–264, hier S. 246. — **18** Böller und Brot (Wiltrud Baier & Sigrun Köhler): »Wer hat Angst.«, in:

Krause / Beise (Hg.): »Sibylle Berg«, a.a.O., S. 209–214, hier S. 210. — **19** Ebd. — **20** Huck: »Authentizität im Dokumentarfilm«, a.a.O., S. 246. — **21** Vgl. ebd., S. 248. — **22** Christina Ujma: »Vom ›Fräuleinwunder‹ zur neuen Schriftstellerinnengeneration. Entwicklungen und Tendenzen bei Alexa Hennig von Lange, Judith Hermann, Sibylle Berg und Tanja Dückers«, in: Ilse Nagelschmidt / Lea Müller-Dannhausen / Sandy Feldbacher (Hg.): »Zwischen Inszenierung und Botschaft. Zur Literatur deutschsprachiger Autorinnen ab Ende des 20. Jahrhunderts«, Berlin 2006, S. 73–87, hier S. 76. — **23** Sibylle Berg: »Wie halte ich das nur alles aus? Fragen Sie Frau Sibylle. Mit Vignetten von Angela Kirschbaum.«, München 2015, S. 97–99. — **24** Ebd., S. 97 f. — **25** Ebd., S. 98 f. — **26** Berg: »Es gibt auch Leute, die onanieren zur Musik von DJ Ötzi«, a.a.O.

Marianna Raffele / Philipp Schlüter

Sibylle Berg – Auswahlbibliografie

1.Werkverzeichnis

Prosa

Gold. Hamburg: Hoffmann und Campe 2000.
Das Unerfreuliche zuerst. Herrengeschichten. Köln: Kiepenheuer & Witsch 2001.
Habe ich dir eigentlich schon erzählt ... Ein Märchen für alle. Köln: Kiepenheuer & Witsch 2006.
Halbzeit. In: Süddeutsche Zeitung, 4.3.2006.
Satt sein. Eine Erzählung. In: *Du. Die Zeitschrift der Kultur (787).* Zürich: Conzett & Huber 2008, S. 62–64.
Wunderbare Jahre. Als wir noch die Welt bereisten. München: Hanser 2016.
GRM. Brainfuck. Köln: Kiepenheuer & Witsch 2019.

Romane

Ein paar Leute suchen das Glück und lachen sich tot. Leipzig: Reclam 1997. (Leipzig: Reclam 2015).
Amerika. Hamburg: Hoffmann und Campe 1999. (München: Goldmann 2001).
Sex II. Leipzig: Reclam 1999. (Stuttgart: Reclam 2009).
Ende gut. Köln: Kiepenheuer & Witsch 2004. (Reinbek: Rowohlt 2005).
Die Fahrt. Köln: Kiepenheuer & Witsch 2007. (Reinbek: Rowohlt 2009).
Der Mann schläft. München: Hanser 2009. (München: dtv 2011).
Vielen Dank für das Leben. München: Hanser 2012. (München: dtv 2014).
Der Tag, als meine Frau einen Mann fand. München: Hanser 2015. (München: dtv 2016).

Dramentexte

Ein paar Leute suchen das Glück und lachen sich tot. UA: Theater Rampe in Stuttgart, 14.7.1999; Regie: Eva Hosemann.

Helges Leben, UA: Schauspielhaus Bochum, 21.10.2000; Regie: Niklaus Helbling. Bearbeitung für Musiktheater: Musik von Karola Obermüller und Mark Moebius. UA: Stadttheater Bielefeld, 31.5.2009; Regie: Florian Lutz, Juliane Scherf.
Hund, Frau, Mann (inspiriert durch die Erzählung *Liebe pur* von Yael Hedaya), UA: Theater Rampe Stuttgart, 29.9.2001; Regie: Stephan Bruckmeier.
Herr Mautz, UA: Theater Oberhausen, 9.3.2002; Regie: Klaus Weise (für Hauptdarsteller Rolf Mautz geschrieben).
Schau, da geht die Sonne unter, UA: Schauspielhaus Bochum, 22.3.2003; Regie: Niklaus Helbling.
Das wird schon. Nie mehr Lieben! UA: Schauspielhaus Bochum, 2.10.2004; Regie: Niklaus Helbling.
Wünsch dir was. Broadwaytaugliches Musical von Frau Berg (Musik: Markus Schönholzer), UA: Schauspielhaus Zürich, 29.9.2006; Regie: Niklaus Helbling.
Habe ich dir eigentlich schon erzählt ... Ein Märchen für alle, bearbeitet von Andreas Erdmann, UA: Deutsches Theater Göttingen, 2.10.2007; Regie: Katja Fillmann.
Von denen, die überleben (vierteiliger Abend; Sibylle Bergs Anteil bestand aus einem Text zu den Skulpturen von Jon Pylypchuk). UA: Schauspielhaus Zürich, 17.9.2008; Regie: Niklaus Helbling.
Die goldenen letzten Jahre, UA: Theater Bonn, 18.2.2009; Regie: Shirin Khodadadian.
Nur Nachts, UA: Burgtheater Wien (Kasino), 26.2.2010; Regie: Niklaus Helbling.
Hauptsache Arbeit! UA: Staatstheater Stuttgart, 20.3.2010; Regie: Hasko Weber.
Missionen der Schönheit, UA: Staatstheater Stuttgart, 30.9.2010; Regie: Hasko Weber.
Lasst euch überraschen! Ein Weihnachtsstück, UA: Theater Bonn, 3.12.2010; Regie: Maaike van Langen.

91

Die Damen warten, UA: Theater Bonn, 15.12.2012; Regie: Klaus Weise.
Angst reist mit, UA: Staatstheater Stuttgart, 23.3.2013; Regie: Hasko Weber, Sibylle Berg.
Es sagt mir nichts, das sogenannte Draußen = Und jetzt: Die Welt!, UA: Maxim Gorki Theater, Berlin, 23.11.2013, Regie: Sebastian Nübling.
Viel gut essen, von Frau Berg, UA: Halle Kalk des Schauspiel Köln, 18.10.2014; Regie: Rafael Sanchez.
Mein ziemlich seltsamer Freund Walter, UA: Consol Theater Gelsenkirchen, 9.11.2014; Regie: Andrea Kramer.
Und dann kam Mirna, UA: Maxim Gorki Theater, Berlin, 24.9.2015, Regie: Sebastian Nübling.
How to Sell a Murder House. Ein getanztes Immobilienportfolio, UA: Theater am Neumarkt Zürich, 8.10.2015; Regie: Sibylle Berg.
Nach uns das All oder Das innere Team kennt keine Pause, UA: Maxim Gorki Theater, Berlin, 15.9.2017; Regie: Sebastian Nübling.
Wonderland Ave., UA: Schauspiel Köln, 8.6.2018: Regie: Ersan Mondtag.
(Zuvor: *Frieze*, London 2016).
Hass-Triptychon, UA: Wiener Festwochen, 10.5.2019; Regie: Ersan Mondtag.

Hörspiele zu Prosa und Dramen

Sex II (SWR 2000), *Ein paar Leute suchen das Glück und lachen sich tot* (NDR 2001), *Ende gut* (WDR 2004), *Das wird schon. Nie mehr lieben!* (NDR 2006), *Hongkong Airport 23.45* (WDR 2007), *Der Mann schläft* (NDR 2010), *Nur nachts* (NDR 2013), *Und jetzt: Die Welt! Oder: Es sagt mir nichts, das sogenannte Draußen* (MDR 2015), *Viel gut essen* (MDR 2018).

Hörbuch-Produktionen

Gold (Hoffmann u. Campe), *Das Unerfreuliche zuerst* (Der Hörverlag), *Amerika* (Hoffmann u. Campe), *Habe ich die eigentlich schon erzählt … Ein Märchen für alle* (Hörcompany), *Sex II* (Reclam), *Der Mann schläft* (Osterwold Audio), *Vielen Dank für das Leben* (Hörbuch Hamburg), *Der Tag, als meiner Frau einen Mann fand*

(Audio Media), *Wunderbare Jahre. Als wir noch die Welt bereisten* (Audio Media), *GRM* (Argon Hörbuch).

Herausgeberschaft

»Und ich dachte, es sei Liebe«. Abschiedsbriefe von Frauen. München: DVA 2006. (München: Goldmann 2007).
»Das war's dann wohl«. Abschiedsbriefe von Männern. München: DVA 2008. (München: Goldmann 2009).

Mitwirkung

Auf der Arche ist der Jaguar Vegetarier. Und andere biblische Geschichten. Frankfurt/M.: Edition Chrismon 2015 [Autoren: Sibylle Berg, Alina Bronsky, Thomas Brussig, Arno Geiger, Wladimir Kaminer].
Sibylle Berg, Lukas Bärfuss, Ferdinand Schmalz: »Ein Theaterstück ist mehr als ein Gemeinschaftsding.« In: Du. – Zürich: Du Kulturmedien 861 (2015), S. 33–40.
Does Vodoo work? Helga Schmidhuber [anlässlich der Ausstellung Does Voodoo Work? Helga Schmidhuber, 21. Juni – 21. September 2014, Museum Wiesbaden]. Bielefeld, Berlin: Kerber 2014 [Autoren: Sibylle Berg, Alexander Klar. Übers. Jeremy Gaines].
Mir stinkt's. Sibylle Berg & Kitty Kahane erzählen eine Geschichte von Moses, Pharao und den zehn Plagen. Frankfurt/M.: Hansisches Dr.- und Verl.-Haus 2013.

Kolumne

Spiegel online: S. P.O. N.: Berg-Kolumnen im Überblick: http://www.spiegel.de/impressum/autor-13465.html.
[Auswahl der Kolumnen als Buch publiziert: *Wie halte ich das nur alles aus? Fragen Sie Frau Sibylle*. München: Hanser 2013. (München: dtv 2015)].

Interviews (Auswahl)

Sibylle Berg: »Dieses Gutmenschengeschwafel ist ja richtig«. In: *Der Standard*, 17.10.2017, URL: https://www.derstandard.de/story/2000066128143/sibylle-berg-dieses-gutmenschengeschwafel-ist-ja-richtig.

Sibylle Berg: »Sind Sie abonniert auf Gestörte?« Martin Amanshauser im Gespräch mit Sibylle Berg. In: *Die Presse*, 13.7.2013. URL: https://diepresse.com/home/leben/mensch/1436033/Sibylle-Berg_Sind-Sie-abonniert-auf-Gestoerte.

Sibylle Berg: »Es gibt auch Leute, die onanieren zur Musik von DJ Ötzi«. In: *Musikexpress* vom 29.4.2016. URL: https://www.musikexpress.de/me-gespraech-sibylle-berg-interview-528681.

»Ich habe eher Freude an Untergängen«. Sibylle Berg im Gespräch mit Dieter Kassel. In: *Deutschlandfunk Kultur*, 8.6.2018. URL: http://www.deutschlandfunkkultur.de/schriftstellerin-sibylle-berg-ich-habe-eher-freude-an.1008.de.html?dram:article_id=419870.

3sat-Mediathek: Interview mit Sibylle Berg: http://www.3sat.de/mediathek/?mode=play&obj=46948.

ETH Zürich, e-periodica: »Wenn ich etwas zu bestimmen hätte, müssten alle Menschen in die Oper gehen«. Sibylle Berg im Gespräch mit Peter Konwitschny. URL: https://www.e-periodica.ch/digbib/view?pid=dkm-003:2011-2012:71::1619#620.

Liebeskrümel@sibylleberg. Sibylle Berg im Interview mit Susanne Mayer. In: *Zeit online*, 19.3.2015. URL: https://www.zeit.de/2015/10/sibylle-berg-twitter-zuerich.

2. Sekundärtexte (Auswahl)

2.1 Zum Gesamtwerk

Ach, Johann S./Pollmann, Arnd (Hg.): Nobody is perfect. Baumaßnahmen am menschlichen Körper. Bioethische und ästhetische Aufrisse. Bielefeld 2006.

Baer, Hester/Hill, Alexandra Merley (Hg.): German women's writing in the twenty-first century. Rochester, NY 2015.

Baier, Angelika: Affective Encounters and Ethical Responses in Robert Schneider's *Die Luftgängerin* and Sybille Berg's *Vielen Dank für das Leben*. In: Edinburgh German Yearbook 7 (2013), S. 85–100.

Baier, Wiltrud/Köhler, Sigrun (Böller und Brot): Wer hat Angst. In: Anett Krause; Arnd Beise (Hg.): Sibylle Berg. Romane. Dramen. Kolumnen und Reportagen, Frankfurt/M. u. a. 2017, S. 209–214.

Dawidowski, Christian: Ausgestellte Körpermenschen. Über Sibylle Berg. In: Arnold, Heinz Ludwig in Zusammenarbeit mit Christian Dawidowski (Hrsg.): TEXT+KRITIK. Theater fürs 21. Jahrhundert. München: edition text+kritik (Sonderband) 2004, S. 52–69.

Dawidowski, Christian; Schmidt, Nadine J.: »Faust«-Spuren bei Wedekind, Hochhuth und Sibylle Berg: ein Beispiel zum intertextuellen Literaturunterricht. In: Literatur im Unterricht 7 (2006), 1, S. 51–63.

Degler, Frank: Figurationen des Abschieds: Sibylle Bergs Experimentalpoetik u-topischer Neuanfänge in: Gegenwartsliteratur 8 (2009), S. 122–147.

Dollhäubl, Carmen: »Die Welt geht unter. Das ist das Beste, was mir jemals passiert ist«. Sibylle Bergs apokalyptischer Roman ›Ende gut‹. In: Bartl, Andrea (Hg.): Verbalträume. Beiträge zur deutschsprachigen Gegenwartsliteratur. Augsburg 2005, S. 49–62.

Esser, Kirsten: Inszenierung und Diskursivierung von Sexualität im deutschsprachigen Roman nach 1945. Stuttgart 2010.

Hedrich, Anja: »Und alles macht doch keinen Sinn«. Die vergebliche Sinnsuche des Menschen in Sibylle Bergs Welttheatervariation ›Helges Leben‹. In: Bartl, Andrea/Ebert, Nils (Hg.): Der andere Blick der Literatur. Perspektiven auf literarische Wahrnehmung der Wirklichkeit. Würzburg 2014, S. 377–396.

Heimann, Holger: Sagen, was ist: Sibylle Berg. In: Börsenblatt 176/33 (2009), 30–32.

Jeremiah, Emily: Sibylle Berg, ›Die Fahrt‹. Literature, Germanness, and Globalization. In: Marven, Lyn/Taberner, Stuart (Hg.): Emerging German-language novelists of the 21. Century. Rochester, NY 2011, S. 133–147.

Karnatz, Ella M.: »Ich kann ja gar kein Buch schreiben«. Schriftstellerische Inszenierungen in deutschen Late-Night-Shows. In: Kyora, Sabine (Hg.): Subjektform Autor. Autorschaftsinszenierungen als Praktiken der Subjektivierung. Bielefeld 2014, S. 267–280.

Kauer, Katja: Emotionaler Kapitalismus. Bergs soziologische Poetik spätmoderner Geschlechterverhältnisse. In: Krause, Anett/Beise, Arnd (Hg.): Sibylle Berg.

Romane. Dramen. Kolumnen und Reportagen. Frankfurt/M. 2017, S. 177–194.

Knaut, Julia: Reisen bei Sibylle Berg. In: Transitträume. Beiträge zur deutschsprachigen Gegenwartsliteratur. Hg.: Andrea Bartl. Augsburg 2009, S. 41–53.

Krause, Anett: »Romantik ist Bullshit« oder: Liebe im Berg-Werk. In: Herwig, Henriette / Seidler, Miriam (Hg.): Nach der Utopie der Liebe? Beziehungsmodelle nach der romantischen Liebe. Würzburg 2014, S. 189–203.

Krause, Anett / Beise, Arnd (Hg.): Sibylle Berg. Romane. Dramen. Kolumnen und Reportagen. Frankfurt/M. 2017.

Krupińska, Grażyna: Das postmoderne Reisen im Roman ›Die Fahrt‹ von Sibylle Berg. In: Pacyniak, Jolanta / Pastuszka, Anna (Hg.): Zwischen Orten, Zeiten und Kulturen. Zum Transitorischen in der Literatur. Frankfurt/M. 2016, S. 111–121.

Landau, Solange: Im Angesicht des Untergangs. Krisen des Individuums im deutschsprachigen (Post)Desaster-Roman. In: Germanica 55 (2014), S. 97–110.

Link, Jürgen: Immer nach Süden. (Nicht) normale Fahrten über die Grenzen von Normalitätsklassen (mit einem Blick auf Sibylle Berg, Jean-Marie Gustave Le Clézio und Güney Dal). In: Amann, Wilhelm / Mein, Georg / Parr, Rolf (Hg.): Globalisierung und Gegenwartsliteratur. Konstellationen – Konzepte – Perspektiven. Heidelberg 2010, S. 29–39.

Link, Jürgen: (Nicht) normale Lebensläufe, (nicht) normale Fahrten. Das Beispiel des experimentellen Romans von Sibylle Berg. In: Gerhard, Ute u. a. (Hg.): (Nicht) normale Fahrten. Faszinationen eines modernen Narrationstyps. Heidelberg 2003, S. 21–36.

Marshall, Sheridan: Reckoning with God: attitudes toward religion in German-language women's writing in the twenty-first century. In: Baer, Hester / Merley Hill, Alexandra (Hg.): German women's writing in the twenty-first century. Rochester, NY 2015, S. 74–94.

Mazellier-Grünbeck, Catherine: Polyphonie und Transformationen der dramatischen Gattung bei Sibylle Berg. In: Tigges, Stefan (Hg.): Dramatische Transformationen. Zu gegenwärtigen Schreib- und Auf-

führungsstrategien im deutschsprachigen Theater. Bielefeld 2008, S. 63–73.

Pivert, Benoît: Sibylle Berg ou le joyeux inventaire du désastre. In: Allemagne d'aujourd'hui 209 (2014) S. 17–33.

Pontzen, Alexandra: ›Fragen Sie Frau Sibylle‹. Die Autorin als Tante und Autorität. Weibliche Popästhetik, Ältlichkeit und Ironie als (schweizer-)deutsche Spielart von ›camp‹. In: Krause, Annett / Beise, Arnd (Hg.): Sibylle Berg. Romane. Dramen. Kolumnen und Reportage. Frankfurt/M. u. a. 2017, S. 17–38.

Reichenpfader, Julia: Verletzte Hüllen, fehlende Häute: Frauenkörper in der deutschen Gegenwartsliteratur In: Seiderer, Ute / Fisch, Michael (Hg.) Haut und Hülle. Umschlag und Verpackung – Techniken des Umschließens und Verkleidens. Berlin 2014, S. 333–352.

Schaffrick, Matthias: Happy End. Sibylle Bergs Poetik der Ausnahme. In: Zeitschrift für Literaturwissenschaft und Linguistik 46/3 (2016), S. 423–38.

Schindhelm, Michael: Sibylle Berg. In: Thomas Kraft (Hg.): Lexikon der deutschsprachigen Gegenwartsliteratur, Bd. 1, München 2003, S. 107 f.

Sellier, Veronika / Müller, Harald (Hg.): Deutschschweizer Dramatik: Lukas Bärfuss, Igor Bauersima, Sibylle Berg … Berlin: Theater der Zeit 2005 (= Stück-Werk 4).

Semmler, Katja: Sibylle Bergs Roman »Ende gut«. In: Dies. (Hg.): Die Straße als literarischer Topos. Beobachtungen zu literarischen Texten von Brigitte Reimann und Sibylle Berg. Schkeuditz 2008, S. 76–104.

Ujma, Christina: Vom »Fräuleinwunder« zur neuen Schriftstellerinnengeneration: Entwicklungen und Tendenzen bei Alexa Hennig von Lange, Judith Hermann, Sibylle Berg und Tanja Dückers. In: Nagelschmidt, Ilse / Müller-Dannhausen, Lea / Feldbacher, Sandy (Hg.): Zwischen Inszenierung und Botschaft. Zur Literatur deutschsprachiger Autorinnen zum Ende des 20. Jahrhunderts. Berlin 2006, S. 73–87.

Wittrock, Claudia: Anders sein – echt sein. Zur Attraktivität des versehrten Körpers in der jungen deutschsprachigen Gegenwartsliteratur. Bremen 2000.

2.1.1 Internetquellen

Donzé, René: Sibylle Berg: Unkorrekt politisch. Warum die Autorin Sibylle Berg mit einem Referendum gegen Versicherungsdetektive in die Politik eingreift – und damit viele vor den Kopf stösst. In: *NZZ am Sonntag*, 14.4.2018. URL: https://nzzas.nzz.ch/schweiz/sibylle-berg-unkorrekt-politisch-ld.1377454?reduced=true.

Schreiber, Daniel: Mit dem Leben davongekommen. Sibylle Berg im Porträt. In: *Cicero. Magazin für politische Kultur*, 1.8.2012. http://www.cicero.de/salon/mit-dem-leben-davongekommen/51397/seite/3.

Sojitrawalla, Shirin: Als das Reisen noch geholfen hat. Sibylle Berg: »Wunderbare Jahre«. In: *Deutschlandfunk*, 12.10.2016. URL: http://www.deutschlandfunk.de/sibylle-berg-wunderbare-jahre-als-das-reisen-noch-geholfen.700.de.html?dram:article_id=368319.

Das Referendum als Pop. Eine Gruppe um die Schriftstellerin Sibylle Berg kämpft gegen den Überwachungsstaat. Die Online-Kampagne mischt den politischen Betrieb auf. In: *Zeit online*, 16.4.2018. URL: http://www.zeit.de/2018/16/online-referendum-schweiz-versicherungsspitzel-sibylle-berg.

2.2 Zu spezifischen Texten

2.2.1 Prosa

Ein paar Leute suchen das Glück und lachten sich tot

Fuchs, Alexandra: Tod der Erotik. »Ein paar Leute suchen das Glück und lachen sich tot« von Sibylle Berg. In: Lustfallen. Erotisches Schreiben von Frauen. Hg.: Christina Kalkuhl und Wilhelm Solms. Bielefeld 2003, S. 121–126.

Heine, Matthias: Gefasel im Planschbecken. In: *Die Welt*, 24.7.1999.

Spiegel, Hubert: Sind so kleine Köpfe. Nicht rezeptpflichtig: Sibylle Bergs Debüt. In: *Frankfurter Allgemeine Zeitung*, 8.10.1997.

Sex II

Köppert, Anush: Sex und Text: zur Produktion, Konstruktion weiblicher Sexualität

in der Gegenwartsliteratur von Frauen um 2000. Tübingen 2012.

Amerika

Westphal, Bärbel: »Wie gemauerte Armut, geistige«. Darstellung von Armut und Reichtum in Sibylle Bergs Roman ›Amerika‹ (1999) und Joachim Lottmanns Roman ›Der Geldkomplex‹ (2009). In: Martin Hellström: Armut. Zur Darstellung von Zeitgeschichte in deutschsprachiger Gegenwartsliteratur, Bd. 7. München 2012, S. 177–196.

Ende gut

Alt, Constanze: Zeitdiagnosen im Roman der Gegenwart: Bret Easton Ellis' *American Psycho*, Michel Houellebecqs *Elementarteilchen* und die deutsche Gegenwartsliteratur. Berlin 2009.

Carmen Dollhäubl: »Die Welt geht unter. Das ist das Beste, was mir jemals passiert ist«. Sibylle Bergs apokalyptischer Roman *Ende gut*. In: Andrea Bartl (Hg.): Verbalträume. Beiträge zur deutschsprachigen Gegenwartsliteratur, Augsburg 2005, S. 49–62.

Feßmann, Maike: Süchtig nach irgendwas. »Ende gut« – Sibylle Berg sucht die Idylle und entdeckt die Apokalypse. In: *Der Tagesspiegel*, 23.5.2004.

Parr, Rolf: Monströse Körper und Schwellenfiguren als Faszinations- und Narrationstypen ästhetischen Differenzgewinns. In: Geisenhanslüke, Achim/Mein, Georg (Hg.): Monströse Ordnungen. Zur Typologie und Ästhetik des Anormalen, Bielefeld 2009, S. 19–42.

Habe ich dir eigentlich schon erzählt …

Becker, Maria: Habe ich dir eigentlich schon erzählt … Ein Jugendbuch über die Flucht aus der DDR durch den Ostblock von Sibylle Berg. In: Führer, Carolin (Hg.): Die andere deutsche Erinnerung. Tendenzen literarischen und kulturellen Lernens. Göttingen 2016, S. 295–309.

Eger, Christian: Sibylle Berg: »Man hat mich nicht gefragt«. In: *Mitteldeutsche Zeitung*, 21.11.2006.

»Habe ich dir eigentlich schon erzählt …«. In: *Österreichischer Rundfunk Ö1*, 31.10.2006. URL: https://oe1.orf.at/artikel/202914.

Kedves, Alexandra: Roadmovie aus dem Land der Mauer(n). Das erste Jugendbuch aus Sibylle Bergs Feder. In: *Neue Zürcher Zeitung*, 19.2.2007.

Kerschbaumer, Sandra: Gehänselt. In: *Frankfurter Allgemeine Zeitung*, 26.10.2006.

März, Ursula: Hänsel und Gretel hinterm Eisernen Vorhang. Der neue Roman von Sibylle Berg – ein Ausreißermärchen. In: *Deutschlandfunk*, 13.12.2006. URL: https://www.deutschlandfunk.de/haensel-und-gretel-hinterm-eisernen-vorhang.700.de.html?dram:article_id=82962.

Die Fahrt

Einsame Planeten. In: *Frankfurter Allgemeine Zeitung*, 3.1.2008.

Jeremiah, Emily: Sibylle Berg, ›Die Fahrt‹: literature, Germanness, and globalization In: Marven, Lyn / Taberner, Stuart (Hg.): Emerging German-language novelists of the twenty-first century. Rochester, NY 2011, S. 133–147.

Jung, Jochen: Normal überdreht. Sibylle Berg erzählt in »Die Fahrt« umwerfend traurige Geschichten. In: *Der Tagesspiegel*, 23.9.2007.

Link, Jürgen: Versuch über den Normalismus. Wie Normalität produziert wird. Göttingen 2006[3].

Link, Jürgen: Immer nach Süden: (Nicht) Normale Fahrten über die Grenzen von Normalitätsklassen (mit einem Blick auf Sibylle Berg, Jean-Marie Gustave Le Clézio und Güney Dal). In: Amann, Wilhelm (Hg.): Globalisierung und Gegenwartsliteratur. Konstellationen – Konzepte – Perspektiven. Heidelberg 2010, S. 29–39.

Link, Jürgen: (Nicht) normale Lebensläufe, (nicht) normale Fahrten: Das Beispiel des experimentellen Romans von Sibylle Berg, in: Gerhard, Ute / Grünzweig, Walter / Link, Jürgen u. a. (Hg.): (Nicht) normale Fahrten. Faszinationen eines modernen Narrationstyps«. Heidelberg 2003, S. 21–36.

Krupińska, Grażyna: Das postmoderne Reisen im Roman »Die Fahrt« von Sibylle Berg. In: Pacyniak, Jolanta / Pastuszka, Anna (Hg.): Zwischen Orten, Zeiten und Kulturen. Zum Transitorischen in der Literatur. Frankfurt/M. 2016, S. 111–121.

Maidt-Zinke, Kristina: Mit Hass im Aug sieht man besser. In: *Süddeutsche Zeitung*, 9.10.2007.

Moritz, Rainer: Nach Berlin, zum Silsersee. In: *Neue Zürcher Zeitung*, 20.9.2007.

No happiness on earth. Sibylle Berg's »Die Fahrt« (2007). In: Biendarra, Anke S.: Germans going global: contemporary literature and cultural globalization. Berlin u. a. 2012, S. 172–179.

Der Mann schläft

Bucheli, Roman: Das Zen der Müdigkeit. In: *Neue Zürcher Zeitung*, 8.9.2009.

Galter, Sunhild: Der Andere als notwendiges Gegenüber im Roman »Der Mann schläft« von Sibylle Berg. In: Germanistische Beiträge 36 (2014), S. 97–110.

Jacobsen, Dietmar: Leben mit einem Mann ohne Eigenschaften. Sibylle Bergs neuer Roman »Der Mann schläft« will nicht so recht zu ihrem bisherigen Werk passen. In: literaturkritik.de, Nr. 10, 2009.

Krause, Tilman: Ein Nest in seinem Bauch. Sibylle Bergs Studie einer narzisstisch gestörten Persönlichkeit. In: *Die Welt*, 5.9.2009.

Maidt-Zinke, Kristina: Sehnsucht nach dem Guten. In: *Die Zeit*, 3.9.2009.

Vielen Dank für das Leben

Baier, Angelika: Affective Encounters and Ethical Responses in Robert Schneider's »Die Luftgängerin« and Sibylle Berg's »Vielen Dank für das Leben«. In: Edinburgh German Yearbook 7 (2013), S. 85–100.

Bartl, Andrea: Androgyne Ästhetik: das Motiv des Hermaphroditismus in der deutschsprachigen Gegenwartsliteratur, erläutert am Beispiel von Ulrike Draesners »Mitgift«, Michael Stavaričs »Terminifera« und Sibylle Bergs »Vielen Dank für das Leben«. In: Christian Baier / Nina Benkert / Hans-Joachim Schott (Hg.): Die Textualität der Kultur. Gegenstände, Methoden, Probleme der kultur- und literaturwissenschaftlichen Forschung. Bamberg 2014, S. 279–301.

Bartl, Andrea: Der Typus des »unangenehmen Kindes« – vorgestellt am Beispiel von Marie Luise Kaschnitz' »Das dicke Kind« (1952), Doris Lessings »The fifth child« (1988) und Sibylle Bergs »Vielen Dank für das Leben« (2012). In: Andrea Bartl / Nils Ebert (Hg.): Der andere Blick der Literatur. Perspektiven auf die literarische Wahrnehmung der Wirklichkeit. Würzburg 2014, S. 55–71.

Behrendt, Eva: Niedertracht. Die unerbittliche Sibylle Berg schubst ihren hermaphroditischen Helden gekonnt über einen dornigen Kreuzweg: »Vielen Dank für das Leben!« In: *die tageszeitung*, 10.10.2012.

Bucheli, Roman: Ein traurig düsteres wüstes Märchen. In: *Neue Zürcher Zeitung*, 14.8.2012.

Höbel, Wolfgang: Sexlos wär die Welt gerettet. In: *Der Spiegel*, 30.7.2012.

Hünniger, Andrea Hanna: Leben und dann tschüss. In: *Die Zeit*, 18.10.2012.

Kegel, Sandra: Wir sind die Schmutzigen, die Hässlichen und die Gemeinen. In: *Frankfurter Allgemeine Zeitung*, 4.8.2012.

Küveler, Jan: Sonntags riecht's nach Suizid. In: *Die Welt*, 28.7.2012.

Marshall, Sheridan: Reckoning with God: Attitudes towards Religion in German-Language Woman's Writing in the Twenty-First Century. In: Bear, Hester / Hill, Alexandra Merley (Hg.): German Woman's Writing in the Twenty-First Century. Rochester, NY 2015, S. 75–94. (Zu »Vielen Dank für das Leben«, S. 88–92).

Müller, Burkhard: Ein glockenreicher Ton und lauter Niedertracht. In: *Süddeutsche Zeitung*, 15.9.2012.

Der Tag, als meine Frau einen Mann fand
Bucheli, Roman: Wenn die Blase auf die Prostata drückt. In: *Neue Zürcher Zeitung*, 7.3.2015.

Eidlhuber, Mia: »Es sind die Hormone.« Sibylle Berg im Interview. In: *Der Standard*, 7.3.2015. URL: https://derstandard.at/2000012606296/Autorin-Sibylle-Berg-Es-sind-die-Hormone.

Heimann, Holger: Der Tag, als meine Frau einen Mann fand. In: *Deutschlandfunk*, 25.5.2015. URL: http://www.deutschlandfunk.de/sibylle-berg-der-tag-als-meine-frau-einen-mann-fand.700.de.html?dram:article_id=320949.

Kämmerlings, Richard: Houellebecq mit besseren Sexszenen. In: *Die Welt*, 7.2.2015.

März, Ursula: Die Liebe in den Zeiten der Pornographie. In: *Deutschlandfunk Kultur*, 3.2.2015. URL: http://www.deutsch

landfunkkultur.de/neuer-roman-von-sibylle-berg-die-liebe-in-den-zeiten-der.950.de.html?dram:article_id=310498

Richard, Christine: Jeder liebt und hasst für sich allein. In: *Basler Zeitung*, 31.1.2015.

Schroeder, Vera: Die gnädige Desillusionistin. In: *Süddeutsche Zeitung*, 18.7.2015.

Spiegel, Hubert: Reh mit Reisszähnen. In: *Die Weltwoche*, 26.3.2015.

Weber, Antje: Liebes Leben. In: *Süddeutsche Zeitung*, 25.2.2015.

Wilke, Insa: Ihr bekommt das Buch, das ihr verdient. In: *Süddeutsche Zeitung*, 2.3.2015.

Wilke, Insa: Die Exorzistin. In: *Süddeutsche Zeitung*, 2.3.2015.

Wittstock, Uwe: »Apropos – Haben Sie jetzt Angst vor mir?«. In: *Focus*, 24.1.2015.

GRM
Behrendt, Eva: Überflüssige Menschen in böser Umgebung. In: *die tageszeitung*, 11./12.5.2019.

Encke, Julia: Ich hasse Max Frisch! In: *Frankfurter Allgemeine Zeitung*, 10.4.2019. URL: https://www.faz.net/aktuell/feuilleton/buecher/autoren/ich-hasse-max-frisch-und-sibylle-bergs-roman-grm-16132199.html.

Hobrack, Marlen: Was man halt so macht. In: *Die Welt*, 20.4.2019.

März, Ursula: »GRM – Brainfuck«: Ein Buch wie ein Sprengsatz. In: *Die Zeit*, 17.4.2019.

Sternburg, Judith von: Dieses verdammte Lachen. In: *Berliner Zeitung*, 16.4.2019.

Theison, Philipp: Ein dickes Buch kokettiert mit dem Zynismus. In: *Neue Zürcher Zeitung*, 15.5.2019.

Wiele, Jan: Soziales Verhalten: unsozial. In: *Frankfurter Allgemeine Zeitung*, 13.4.2019.

2.2.2 Dramentexte

Helges Leben
Funke, Christoph: »Helges Leben«: Ohne Menschen. In: *Der Tagesspiegel*, 20.5.2001. URL: https://www.tagesspiegel.de/kultur/helges-leben-ohne-menschen/229108.html.

Keim, Stefan: Sibylle Bergs Satire »Helges Leben« als komische Oper. In: *Die Welt*, 8.6.2009. URL: https://www.welt.de/welt_print/article3882252/Sibylle-Bergs-

Satire-Helges-Leben-als-komische-Oper.
html.

Keim, Stefan: Garstige Komödie als Horrortrip. In: *Deutschlandfunk Kultur*, 31.5.2009. URL: https://www.deutsch landfunkkultur.de/garstige-komoedie-als-horrortrip.1013.de.html?dram:article_id= 169179.

Schlienger, Alfred: Leben! Leben! Leben! – Warum? In: *Neue Zürcher Zeitung*, 28.2.2003. URL: https://www.nzz.ch/ article8PEZV-1.219459.

Hund, Frau, Mann

Witzeling, Klaus: Scharfsinniger Vierbeiner. In: *Hamburger Abendblatt*, 10.5.2013. URL: https://www.abendblatt.de/kultur-live/article116046518/Scharfsinniger-Vierbeiner.html.

Herr Mautz

Kantsteiner, Morten: Trostlos ins Glück. In: *die tageszeitung*, 12.3.2002.

Schau, da geht die Sonne unter

Krumbholz, Martin: Regieblüten im Club der einsamen Herzen. In: *Neue Zürcher Zeitung*, 23.4.2003.

Rossmann, Andreas: Jung, das war mal. In: *Frankfurter Allgemeine Zeitung*, 26.3.2003.

Das wird schon. Nie mehr lieben!

Banitzki, Wolf: Von der Beziehungsnot zum Beziehungstod. In: *Theaterkritiken München*. URL: http://theaterkritiken.com/ component/content/article?id=288:das-wird-schon.

Schümann, Matthias: Leere Leben. In: *Frankfurter Allgemeine Zeitung*, 5.7.2006.

Wünsch dir was. Broadwaytaugliches Musical von Frau Berg

Broder, Henryk M.: Ein Stück zwischen Himmel und Hölle. In: *Spiegel online*, 1.10.2006. URL: http://www.spiegel.de/ kultur/literatur/premiere-wuensch-dir-was-ein-stueck-zwischen-himmel-und-hoelle-a-440245.html.

Sturm, Katja: Wenn ein Göttertrio singt. In: *Frankfurter Rundschau*, 26.10.2014. URL: http://www.fr.de/kultur/theater/frankfur ter-kellertheater-wuensch-dir-was-wenn-ein-goettertrio-singt-a-536910.

Die goldenen letzten Jahre

Dössel, Christine: Weiter runter geht immer. In: *Süddeutsche Zeitung*, 20.2.2009.

Dürr, Anke: Die Rächerin der Underdogs. In: *Spiegel online*, 14.2.2009. URL: http:// www.spiegel.de/kultur/gesellschaft/ star-autorin-sibylle-berg-die-raecherin-der-underdogs-a-607229.html.

Marcus, Dorothea: Chefassistentin der Obdachlosen bittet zum Tête-à-tête. In: *Nachtkritik.de*, 18.2.2009.URL: https:// www.nachtkritik.de/index.php?option= com_content&view=article&id=2421: die-goldenen-letzten-jahre-sibylle-bergs-neues-stueck-von-schirin-khodada dian-uraufgefuehrt&catid=177&Itemid= 100190

Nur Nachts

Bläske, Stefan: Petra- und Peterchens Mondfahrt ins Beziehungsleben. In: *Nachtkritik.de*, 26.2.2010. URL: https://www. nachtkritik.de/index.php?option=com_ content&view=article&id=4020:nur-nac hts-nniklaus-helblings-urauffuehrung-von-sibylle-bergs-neuem-stueck&catid= 80&Itemid=100190.

Jandl, Paul: Sibylle Bergs Revue »Nur Nachts« im Wiener Burgtheater. In: *Die Welt*, 10.3.2010.

Hauptsache Arbeit!

Berger, Jürgen: Kein Job wird kommen. In: *Frankfurter Rundschau*, 23.3.2010.

Burkhardt, Otto Paul: Das kann doch eine Ratte nicht erschüttern. In: *Nachtkritik. de*, 20.3.2010. URL: https://www.nacht kritik.de/index.php?option=com_content &view=article&id=4125:hauptsache-arbeit-sibylle-bergs-neuester-aufschrei-von-hasko-weber-uraufgefuehrt-&catid= 39&Itemid=100190.

Halter, Martin: Ratten auf dem singenden Schiff. In: *Frankfurter Allgemeine Zeitung*, 22.3.2010.

Schleider, Tim: Von Bürohengsten und Windows-Stuten. In: *Stuttgarter Zeitung*, 22.3.2010.

Missionen der Schönheit

Großkreutz, Verena: Vier Frauen und ein haariger Affenmensch. In: *Nachtkritik.de*, 30.9.2010. URL: https://www.nachtkritik. de/index.php?option=com_content&

view=article&id=4733:missionen-der-schoenheit-sibylle-bergs-neues-stueck-von-hasko-weber-im-variete-uraufge fuehrt&catid=38&Itemid=40.

Halter, Martin: Miss Po und der behaarte Affe. In: *Frankfurter Allgemeine Zeitung*, 5.10.2010.

Lippert, Leopold: #Metoo und Spitzenhäubchen. In: *Nachtkritik.de*, 19.2.2018. URL: https://nachtkritik.de/index.php? option=com_content&view=article&id =15030:missionen-der-schoenheit-holo fernesmomente&catid=38&Itemid=40.

Mühlparzer, Hanna: Sibylle Bergs »Missionen der Schönheit«: Schön war ich nie! In: *Der Standard*, 22.2.2018. URL: https:// derstandard.at/2000074801268/Holo fernesmomente-im-Werk-XSchoen-war-ich-nie.

Lasst euch überraschen!
Ein Weihnachtsstück

Fischer, Ulrich: Oh Tannenbaum, wie brennst du so lichterloh! In: *Nachtkritik. de*, 3.12.2010. URL: https://www.nacht kritik.de/index.php?option=com_content &view=article&id=4992:lasst-euch-ueber raschen-sibylle-bergs-weihnachtsfarce-von-maaike-van-langen-uraufgefuehrt& catid=177:schauspiel-bonn&Itemid= 100190.

Die Damen warten

Bock, Stefan: Die Damen warten. In: *Der Freitag*, 29.1.2014. URL: https://www. freitag.de/autoren/stefan-bock/die-damen-warten.

Reckziegel, Stefan: Sibylle Berg versetzt Frauen in die Wellness-Falle. In: *Hamburger Abendblatt*, 25.1.2014. URL: https:// www.abendblatt.de/kultur-live/article 124814008/Sibylle-Berg-versetzt-Frauen-in-die-Wellness-Falle.html.

Schreiber, Falk: Die Proseccohölle. In: *Nachtkritik.de*, 26.1.2014. URL: https:// www.nachtkritik.de/index.php?option= com_content&view=article&id=9035: die-damen-warten-an-den-hamburger-kammerspielen-stellt-kai-wessel-eine-bittere-these-von-sibylle-berg-fuer-die-frau-ab-40-in-den-raum&catid=593: hamburger-kammerspiele&Itemid= 100190.

Zimmermann, Hans-Christoph: Traue nie der Regierung, wenn sie Geschenke bringt. In: *Die Deutsche Bühne*, 18.12.2012. URL: http://www.die-deutsche-buehne.de/ Kurzkritiken/Schauspiel/Sibylle+Berg+ Die+Damen+warten+Regierung+ Geschenke.

Angst reist mit

Großkreutz, Verena: Katastrophengebiet Welt. In: *Nachtkritik.de*, 23.3.2013. URL: https://www.nachtkritik.de/index. php?option=com_content&view=article &id=7893:die-angst-reist-mit-n&catid= 38:die-nachtkritik&Itemid=40.

Halter, Martin: Hauptsache Urlaub. In: *Badische Zeitung*, 26.3.2013.

Laages, Michael: Auf der Flucht in die Fremde. In: *Die Welt*, 26.3.2013.

Michalzik, Peter: Im Fegefeuer der Pointen. In: *Neue Zürcher Zeitung*, 26.3.2013.

Es sagt mir nichts, das sogenannte Draußen

Bazinger, Irene: Keine Haltung, dafür aber Unterhaltung. In: *Frankfurter Allgemeine Zeitung*, 27.11.2013.

Heine, Matthias: Vom Alleinsein in der Wohnung der Wandervagina. In: *Die Welt*, 29.3.2013.

Wahl, Christine: Lifestyle-Sarkasmus à la Sibylle Berg. In: *Der Tagesspiegel*, 25.11.2013. URL: https://www.tages spiegel.de/kultur/premiere-am-maxim-gorki-theater-lifestyle-sarkasmus-a-la-sibylle-berg/9121318.html.

Wurmitzer, Michael: Sibylle Berg: Ungenießbare Zeitgenossenschaft. In: *Der Standard*, 8.12.2015. URL: https://der standard.at/2000027163190/Sibylle-Berg-Ungeniessbare-Zeitgenossenschaft.

Viel gut essen

Fiedler, Cornelia: Wird man ja mal sagen dürfen … In: *Süddeutsche Zeitung*, 21.10.2014.

Keim, Stefan: Plätschernde Weltmüdigkeit. In: *Die Deutsche Bühne*, 20.10.2014. URL: http://www.die-deutsche-buehne. de/Kritiken/Schauspiel/Koeln+Berg+ Viel+gut+Essen/Plaetschernde+Welt muedigkeit.

Westphal, Sascha: Die Hassbürger greifen an. In: *Nachtkritik.de*, 18.10.2014. URL:

https://www.nachtkritik.de/index.php?
option=com_content&view=article&id=
10134:2014-10-19-07-39-53&catid=
38:die-nachtkritik-k&Itemid=40.

Mein ziemlich seltsamer Freund Walter
Keim, Stefan: Ein Märchen über Mut und
Mobbing. In: *Nachtkritik.de*, 9.10.2014.
URL: https://www.nachtkritik.de/index.
php?option=com_content&view=article
&id=10210:2014-11-10-10-27-04&
catid=38:die-nachtkritik-k&Itemid=40.
Schmitt, Wolfgang: Sibylle Bergs Stück für
Kinder: Ein Außerirdischer namens Walter. In: *Rhein-Zeitung*, 17.1.2018. URL:
https://www.rhein-zeitung.de/kultur_
artikel,-sibylle-bergs-stueck-fuer-kinder-
ein-ausserirdischer-namens-walter-_arid,
1757979.html.

Und dann kam Mirna
Laudenbach, Peter: Müde Mütter. In: *Süddeutsche Zeitung*, 25.10.2015. URL:
https://www.sueddeutsche.de/kultur/
gorki-theater-berlin-muede-muetter-1.26
64325.
Röben, Katharina: Die Jugend ist tot. Lang
lebe die Jugend. In: *Die Welt*, 2.10.2015.
URL: https://www.welt.de/kultur/buehne-
konzert/article147147191/Die-Jugend-
ist-tot-lang-lebe-die-Jugend.html.
Seidler, Ulrich: Vier wütende Mütter und
vier noch viel wütendere Töchter. In: *Berliner Zeitung*, 25.10.2015. URL: https://
www.berliner-zeitung.de/kultur/sybille-
bergs--und-dann-kam-mirna---vier-
wuetende-muetter-und-vier-noch-viel-
wuetendere-toechter-22567394.

How to sell a murder house. Ein getanztes Immobilienportfolio
Baigger, Katja: Der Mann als aussterbende
Spezies. In: *Neue Zürcher Zeitung*,
10.10.2015.
Heintges, Valeria: Tod ohne Netz. In: *Nacht-
kritik.de*, 8.10.2015. URL: https://www.
nachtkritik.de/index.php?option=com_
content&view=article&id=11605:how-
to-sell-a-murder-house-sibylle-berg-neu
markt-zuerich-regiedebuet&catid=38:
die-nachtkritik-k&Itemid=40.
Tobler, Andreas: Ein Abend für die Fans. In:
Tagesanzeiger, 10.10.2015.

Nach uns das All oder Das innere Team kennt keine Pause
Bock, Stefan: Nach uns das All. In: *Der Freitag*, 26.9.2017. URL: https://www.freitag.
de/autoren/stefan-bock/nach-uns-das-all.
Wahl, Christine: Die Alternative zum Welt-
untergang. In: *Der Tagesspiegel*, 26.9.2017.
URL: https://www.tagesspiegel.de/kultur/
premiere-am-maxim-gorki-theater-die-
alternative-zum-weltuntergang/203763
82.html.
Wolf, Michael: Völlig schwerelos. In: *Nacht-
kritik.de*, 24.10.2017. URL: https://
nachtkritik.de/index.php?option=com_
content&view=article&id=14437:nach-
uns-das-all-am-berliner-maxim-gorki-
theater-gehen-sebastian-nuebling-und-
sibylle-berg-mit-einer-science-fiction-farce-
in-runde-drei&catid=38&Itemid=40.

Wonderland Ave
Bahners, Patrick: Die letzten Gadgets der
Menschheit. In: *Frankfurter Allgemeine
Zeitung*, 11.6.2018.
Gondorf, Ulrike; Brinkmann, Sigrid: Jeder
gegen Jeden. Sibylle Bergs »Wonderland
Ave.« am Schauspiel Köln. In: *Deutschlandfunk Kultur*, 8.6.2018. URL: http://
www.deutschlandfunkkultur.de/sibylle-
bergs-wonderland-ave-am-schauspiel-
koeln-jeder.1013.de.html?dram:article_id=
419972.
Krawinkel, Guido: K. O. durch K. I. In: *Die
Deutsche Bühne*, 9.6.2018. URL: http://
www.die-deutsche-buehne.de/Kritiken/
Schauspiel/Sibylle+Berg+Wonderland+
Ave./K.O.+durch+K.I.
Krumbholz, Martin: Ich bin ein Mensch,
holt mich hier raus! In: *Nachtkritik.de*,
8.6.2018. URL: https://www.nachtkritik.
de/index.php?option=com_content&view
=article&id=15522:wonderland-ave-ersan-
montag-bringt-sibylle-bergs-neues-
stueck-am-schauspiel-koeln-zur-urauf
fuehrung&catid=38:die-nachtkritik-k&
Itemid=40.

2.2.3 Zu weiteren Texten

»Das war's dann wohl«. Abschiedsbriefe von Männern
König, Kerstin: Winke noch ein Weilchen!
In: *Frankfurter Allgemeine Zeitung*,
16.3.2008.

Werner, Hendrik: Scheiden tut weh. In: *Die Welt*, 22.3.2008.

Wir sind dann mal weg. In: *Frankfurter Allgemeine Zeitung*, 9.6.2008.

Das Unerfreuliche zuerst. Herrengeschichten

Kreativ kritisieren: achtzehn unterhaltsame Varianten zur Standardrezension am Beispiel von Sibylle Bergs »Das Unerfreuliche zuerst. Herrengeschichten«. Marburg 2002.

2.2.4 Film / Fernsehen

Wer hat Angst vor Sibylle Berg. Regie: Wiltrud Baier, Sigrun Köhler. 2016.

»Durch die Nacht mit … Sibylle Berg und Katja Riemann«. ZDF/Arte. 2006.

Sibylle Berg, geboren am 2.6.1962 in Weimar. Nach der Schule Ausbildung als Puppenspielerin. 1984 stellte sie einen Ausreiseantrag aus der DDR und verlor daraufhin ihre Arbeit am Naumburger Puppentheater. Nach ihrer Übersiedlung in den Westen lebte sie zunächst von Gelegenheitsjobs, seit 1997 veröffentlicht sie Prosa, seit 2000 auch Theaterstücke. Seit 2011 schreibt sie für Spiegel Online die Kolumne »Fragen Sie Frau Sibylle«. Sie lebte zunächst in Hamburg, 1996 zog sie in die Schweiz, nach Zürich. 2012 erhielt sie die Schweizer Staatsbürgerschaft. Seit 2013 lehrt sie Dramaturgie an der Zürcher Hochschule der Künste. Sibylle Berg erhielt zahlreiche Preise, darunter den Egon-Erwin-Kisch-Preis (1998), den Marburger Literaturpreis (2000), den Wolfgang-Koeppen-Preis (2008), den Friedrich-Luft-Preis (2015), den Hörspielpreis der Kriegsblinden (2016), den Else-Lasker-Schüler-Dramatikerpreis (2016) sowie den Kasseler Literaturpreis für grotesken Humor, den Thüringer Literaturpreis und den Schweizer Buchpreis (alle 2019).

*

Anke S. Biendarra, Studium der Germanistik, Geschichte und Publizistik in Münster, Berlin und Seattle, USA (Ph.D.). Seit 2005 Professorin an der University of California, Irvine im Fach European Languages and Studies (Schwerpunkt German Studies). Arbeitsschwerpunkte in der deutschsprachigen Literatur und Kultur nach 1945, vor allem zu Nachwende-Literatur, Popkultur und Literaturbetrieb; Europa-Studien, Transnationalismus-Theorie und Globalisierung. Letzte Veröffentlichungen zu Terézia Moras und Juli Zehs Poetikvorlesungen (2017), zum Europa-Thema in Ulrike Draesners »Sieben Sprünge vom Rand der Welt« (2019) und Trauma in Romanen von Julya Rabinovich und Terézia Mora (2019).

Stephanie Catani, Studium der Germanistik, Italianistik und Hispanistik in Bochum und Sevilla. Promotion mit der Studie »Das fiktive Geschlecht. Weiblichkeit in anthropologischen Entwürfen und literarischen Texten zwischen 1880 und 1925« (2005). Habilitation mit der Arbeit »Geschichte im Text. Geschichtsbegriff und Historisierungsverfahren in der deutschsprachigen Gegenwartsliteratur« (2016). Seit 2018 Inhaberin des Lehrstuhls für Neuere deutsche Literaturwissenschaft und Medienwissenschaft an der Universität des Saarlandes. Publikationen zur Literaturgeschichte vom 18.–21. Jahrhundert, zu kulturwissenschaftlichen und (inter-)medialen Fragestellungen sowie zum Begriff der Autorschaft.

Christian Dawidowski, geboren 1971; Studium der Germanistik und Philosophie in Bochum, 1999 Promotion mit einer Arbeit zu Robert Musil. Habilitation 2009 an der Universität Siegen mit einer empirischen Studie zur Leseforschung. Seit 2010 Professor für Literaturdidaktik an der Universität Osnabrück, zahlreiche Bücher und Aufsätze zu den Bereichen empirische Leseforschung, Fachgeschichte der Literaturdidaktik und des Literaturunterrichts, Interkulturalität und zur Literatur des 19. und 20. Jahrhunderts.

Olivier Garofalo, schloss als DAAD-Stipendiat sein Studium an den Universitäten Luxemburg, Köln und Trier mit dem Master of Arts ab. Seit 2011 arbeitete er als Dramaturg, ab der Spielzeit 2013/14 als Chefdramaturg an der Badischen Landesbühne. Ab der Spielzeit 2015/16 war er Dramaturg am ETA Hoffmann Theater Bamberg. Seit der Spielzeit 2019/2020 ist er als Dramaturg und Dramatiker am Rheinischen Landestheater Neuss engagiert. Regelmäßig schreibt er Stücke für verschiedene Theater und war u. a. in der Spielzeit 2015/16 Hausautor am Théâtre National du Luxembourg.

Niklaus Helbling, geboren 1959; Studium der Germanistik und Geschichte in Zürich. Lizentiatsarbeit über Erzählerspiele in Jean Pauls »Komet«. 1989 bis 1999 Dramaturg am Thalia Theater Hamburg. Seit 1999 Regisseur an zahlreichen deutschsprachigen Bühnen. Mitgründer der Schweizer Theaterformation MASS & FIEBER mit über 20 freien Produktionen zwischen Zürich, Hamburg, Jena und Teheran. Zuletzt: »Zwingli Roadshow« zur Reformation auf der Zürcher Landschaft.

Rolf Parr, geboren 1956, Studium der Germanistik, Philosophie und Pädagogik in Bochum. 1989 Promotion mit einer Arbeit über den Bismarck-Mythos; 1996 Habilitation an der Universität Dortmund über literarisch-kulturelle Gruppierungen; 2003–2010 Prof. für Literaturwissenschaft und -didaktik an der Universität Bielefeld; seit 2010 Prof. für Germanistik (Literatur- und Medienwissenschaft) an der Universität Duisburg-Essen. Zuletzt erschien (hg. zus. mit Axel Honold) »Lesen« (2018).

Alexandra Pontzen, Studium der Germanistik, Romanistik und Erziehungswissenschaft in Bonn und Toulouse; Promotion an der Universität Bonn. 2005–2012 Professorin für Neuere deutsche Literatur am Germanistischen Seminar der Universität Lüttich/Liège (B); seit 2013 Professorin für Germanistik/Neuere deutsche Literaturwissenschaft an der Universität Duisburg-Essen. Arbeitsschwerpunkte im Bereich Künstlerliteratur und Werkbegriff, Poetik des Unschicklichen, deutsch-jüdische und Gegenwartsliteratur, Genderfragen, literarische Emotionspsychologie, Literaturpreise, Chronotropen, Intermedialität. Zuletzt erschienen u. a.: »Schuld und Scham. Jahrbuch Literatur und Politik, Bd. 3« (Mithg., 2008), »Alternde Avantgarden« (Mithg., 2011).

Julia Reichenpfader, geboren 1984; Studium der Deutschen Philologie, Geschlechterforschung und Sozialpolitik an der Universität Göttingen. 2014–2017 Promotionsstipendiatin des Graduiertenkollegs »Life Sciences, Life Writing« an der Universität Mainz. Forschungsschwerpunkte: Gegenwartsliteratur, Körper- und Krankheitsdiskurse. Jüngste Veröffentlichung: »Sex II. Literatur durch den Fleischwolf gedreht«, in: Anett Krause/Arnd Beise (Hg.): »Sibylle Berg. Romane. Dramen. Kolumnen und Reportagen«, Literarisches Leben heute, Bd. 7, Frankfurt/M. 2017.

Julia Schöll, Studium der Germanistik, Psychologie und Geschichte an den Universitäten Bamberg, Frankfurt/M. und Paris IV/Sorbonne; Promotion 2003, Habilitation 2011. Seit 2018 außerplanmäßige Professorin für Neuere deutsche Literaturwissenschaft an der Universität Bamberg. Arbeitsschwerpunkte: Literatur der Goethezeit, der klassischen Moderne und der Gegenwart, Poetikprofessuren, Europakonstruktionen in der Gegenwartsdramatik, ästhetische Theorie und Kulturgeschichte der Berührung. Jüngste Publikationen: »Literatur im Ausnahmezustand« (zu Kathrin Röggla, Mithg., 2019), »Wahrheit und Täuschung« (zu Jenny Erpenbeck, Mithg., 2014), außerdem Aufsätze u. a. zu Lukas Bärfuss, Ulrike Draesner, Christof Hamann und zur Kultur des Fußballs.

Bisher sind in der Reihe TEXT+KRITIK erschienen:

Bisher sind in der Reihe TEXT+KRITIK erschienen:

Bisher sind in der Reihe TEXT+KRITIK erschienen:

Bisher sind in der Reihe TEXT+KRITIK erschienen:

Universitätsverlag
WINTER
Heidelberg

AUEROCHS, BERND
GÜNTHER, FRIEDERIKE
FELICITAS
MAY, MARKUS (Hg.)

Celan-Perspektiven 2019

2019. 247 Seiten, 3 farbige,
15 s/w Abbildungen.
Geb. € 56,–
ISBN 978-3-8253-6985-9

D-69051 Heidelberg · Postfach 10 61 40 · Tel. (49) 62 21/77 02 60 · Fax (49) 62 21/77 02 69
Mehr Information unter www.winter-verlag.de · E-mail: info@winter-verlag.de

Celan-Perspektiven möchte ein jährlich erscheinendes Forum bieten, um den internationalen und interdisziplinären Dialog über diese Dichtung zu stärken, die Celan selbst als eine dialogische verstanden wissen wollte – wozu nicht zuletzt auch der Dialog mit anderen Dichtern, anderen Sprachen und anderen Künsten zählt. In diesem Sinne sollen Themenbereiche wie bildende Kunst, Musik, Philosophie, Theologie und Naturwissenschaft behandelt werden, die formative Elemente in Celans Werk darstellen. Celans Person und Werk sind ein paradigmatischer Teil der Kulturgeschichte des 20. Jahrhunderts, dessen historische, künstlerische und wissenschaftliche Verwerfungen und Impulse seine Dichtung reflektiert. Der erste Band umfasst Beiträge zum Werk Paul Celans: zu den Nachwirkungen seiner Sprache bis in die Gegenwart, den Traditionen, die Celan aufruft, um sie zu verwerfen, seinen kulturkritischen Reflexionen, den intermedialen und interdisziplinären Fragen, die sein Werk aufwirft und weitere Überlegungen zur ästhetischen, politischen oder kulturellen Dimension seiner Texte.

schliff
Literaturzeitschrift
Hrsg. vom Institut für
deutsche Sprache
und Literatur I,
Universität zu Köln

Kathrin Schuchmann (Hg.)
N°10 | Pop
2019, 179 Seiten,
zahlreiche Abbildungen
ISBN 978-3-86916-809-8

Popmusik, Popkultur, Popstar, Pop-Art – die Phänomene
reichen von Modeerscheinungen und Musiktrends über Dinge,
Marken und Designs bis zu Personen und Politik. Der Erfolg von
›Pop‹ scheint darin zu bestehen, ein wahrnehmungsprägendes
Konzept darzustellen, das nicht in der Massenkultur aufgeht.
Künstlichkeit, Konsum-Affinität und die Ästhetik der Oberfläche
bilden in dieser Hinsicht Dimensionen von ›Pop‹, die auch auf
künstlerische Produktionsprinzipien wirken und die literarische
Formensprache prägen.

Mit Beiträgen u.a. von Marcel Beyer, Matthias Kniep, Nadja
Küchenmeister, Dirk von Petersdorff, Thomas Meinecke und
Julia Schoch.

et+k

edition text+kritik · 81673 München · www.etk-muenchen.de

Katrin Lange /
Nora Zapf (Hg.)
Screenshots
Literatur im Netz
195 Seiten, zahlreiche
Abbildungen
ISBN 978-3-86916-815-9

Wir halten die Timeline an und machen einen Screenshot: Was für neue Literaturen, welche Verfahren und Autorschaften, welche politischen Interventionen haben ihren Ort im Digitalen gefunden? Dieser Band gibt einen Einblick in die neuen Schreibweisen im virtuellen Raum.

Instagram oder Facebook, Twitter oder Blogs: Hier entstehen neue kreative Textformen, die in ein Zeichen-Limit passen oder durch Likes und Shares weiter wachsen. Literatur ist längst nicht nur das, was zwischen zwei Buchdeckel passt. Sie entsteht digital, dynamisch, oft kollektiv oder im Dialog mit Leser*innen und mit einer ganz eigenen Poesie.

et+k

edition text+kritik · 81673 München · www.etk-muenchen.de